Dr.-Ing. Martin Siebert

BAND I

1. überarbeitete Auflage

Besser man hat, als man hätte!

Krisenvorsorge für Realisten

-

Prepping Handbuch zur Vorbereitung der wahrscheinlichsten Krisen - inkl. Checklisten, Selbstvorsorge, Survival & Notfall-Tipps

Inhalt

1. Prolog

I. VORWORT

Warum hast du dich ausgerechnet für dieses Buch entschieden? Gratulation schon einmal dazu! Irgendwie hat es dich aus der Fülle der Prepping-Literatur angesprochen. Das sagt schon einmal etwas über dich aus: Du bist weniger daran interessiert, wie der Weltuntergang wohl aussehen wird, sondern willst wissen, was du zu Hause haben solltest, damit du einige Tage bis hin zu einigen Wochen autark überstehst. Genau für vernünftige Menschen wie dich ist dieses Buch nämlich geschrieben. Du wirst also auch nicht in Panik verfallen, wenn es um ein ernsteres Szenario geht – gut so. Du wirst auch nicht deine Familie, Freunde und Vorräte packen und in einen Bunker verfrachten – sehr lobenswert! Hektische Panik hilft namlich niemandem. Während du dieses Buch liest, ist die Welt so unnormal normal wie immer, alle Katastrophen liegen in weiter Ferne, denn du willst vorgesorgt haben, bevor etwas passiert. Dieses Buch bereitet dich **nicht** auf den Weltuntergang vor und distanziert sich von unrealistischen oder zumindest höchst unwahrscheinlichen apokalyptischen Darstellungen. Im Gegenteil, es soll dir eine einfache kompakte Grundlage dafür bieten, in einer realistischen Krisensituation vorbereitet zu sein. Das Buch behandelt theoretisch wahrscheinliche Krisen von Tagen bis wenigen Wochen. So kannst du ganz entspannt dein Leben genießen, weil du weißt, dass du präventiv auf den Notfall vorbereitet bist.

II.   AUFBAU DES BUCHES

Das Gesamtwerk besteht aus zwei Bänden. Dieser ist der erste von zwei Bänden, welcher auch alleinstehend komplett ist. Du bist also nicht gezwungen, den zweiten Band zu kaufen. Dieses Buch ist als eBook und als Taschenbuch erhältlich. Je nach deinen Vorlieben kannst du es also digital oder als richtiges Taschenbuch lesen und durcharbeiten. Den zweiten Band (https://klickehier.com/band2) gibt es ausschließlich als Taschenbuch, denn mit dem Buch kannst du praktisch arbeiten. Er dient als sinnvolle Ergänzung des ersten Bandes. Die Checklisten am Ende dieses Buches sind dort noch einmal abgedruckt. So kannst du diese Punkt für Punkt abhaken, wenn du den ersten Band nur als eBook hast. Des Weiteren gibt es im zweiten Band Vordrucke für persönliche Notfallpässe und Packlisten für deine Notfallkiste und Ausrüstungskiste. Diese gibt es allerdings nur in Band II, da sie in einem eBook keinen Sinn ergeben. Du kannst die Vordrucke, welche in ausreichender Zahl vorhanden sind, aus dem Buch heraustrennen und auf die jeweiligen Boxen kleben.

III.   HINWEISE & ERKLÄRUNGEN

Mein Ziel ist es, einen einfachen und kompakten Ratgeber mit praktischem Begleitheft zu einem günstigen Preis anzubieten.

Ich habe keine Werbeverträge oder Ähnliches mit den Firmen der vorgeschlagenen Produkte. Wenn ich bestimmte Produkte empfehle, basiert dies auf meiner bisherigen persönlichen guten Erfahrung mit dem entsprechenden Produkt. Jegliche Haftung schließe ich ausdrücklich aus.

Ich distanziere mich von allen paramilitärischen Gruppierungen, Reichsbürgern, Verschwörungstheoretikern, fanatischen, linken sowie rechten oder sonstigen menschenverachtenden oder illegalen Vereinigungen. Ich gehöre keiner Partei an und respektiere den Rechtsstaat. Alle Inhalte dieses Buches habe ich nach bestem Wissen und Gewissen verfasst. Wenn du Verbesserungsvorschläge, Kritik oder Feedback für mich hast, kannst du dich gerne bei mir melden. Aber jetzt viel Spaß bei der Lektüre!

2.   Einleitung

Prepping ist zwar eher eine moderne Strömung, aber in den Grundstrukturen seit Jahrtausenden in den verschiedensten Kulturen vorhanden. Es deutet sicherlich auf Bequemlichkeit hin, Lebensmittel haltbar zu machen und sich Vorräte anzulegen, damit man nicht jeden Tag aufs Neue welche beschaffen muss. Und was man einmal hat, das hat man: Vor dem Wirtschaftsaufschwung konnten sich gerade ärmere Schichten nie sicher sein, am nächsten Tag etwas zu essen zu bekommen. Die Vorrats- oder Speisekammer war ein wichtiger Teil jedes Hauses, konnten Lebensmittel doch jahrelang dort gelagert werden, so dass man sie auch unabhängig von der Jahreszeit zur Verfügung hatte. Wer nicht viel Geld besaß, hatte stattdessen oft einen kleinen Garten, wo man Gemüse anbauen und Geflügel halten konnte, sodass viele Lebensmittel selbst und autark produziert wurden.

Erst seit Supermärkte in den modernen Städten nur einen Katzensprung weit entfernt und selbst auf dem Land mit dem Auto sehr leicht erreichbar sind, sehen viele Menschen keinen Grund, warum man sich groß mit Lebensmitteln beschäftigen sollte. Sind sie denn nicht allzeit in den Verkaufsregalen zu erhalten?

Nun, das sind sie schon, solange nicht ein Unwetter die Straßen für Lieferungen unpassierbar macht oder wir durch einen Stromausfall nicht mehr an unser Geld herankommen. Solange wir nicht unter Quarantäne stehen und gar nicht bis zu den Supermärkten kommen. Und für diesen Fall ist das Buch gemacht: Hier erfährst du, was du zu Hause haben solltest, mit welchen Szenarien du überhaupt rechnen kannst und wie du dich bei Stromausfall mit warmem Essen versorgst. Du wirst lernen, welche Arten von Campingkochern es gibt und genaue Checklisten finden, welche Lebensmittel du für einige Wochen brauchst. Du wirst erfahren, welche Alternativen es zu unseren alltäglichen Währungen gibt und mit welcher Strategie du auch strapaziöse Ausnahmesituationen durchstehst.

Trotzdem wird dich dieses Buch keinesfalls auf ein Aussteiger-Dasein vorbereiten! Du wirst nach der Lektüre auch nicht zur Prepper-Szene gehören. Gegebenenfalls kann das Buch aber ein guter Einstieg in das riesige Universum der Prepper sein. Es wird dich nicht an Verschwörungstheorien glauben lassen und auch nicht an den baldigen Weltuntergang. Aber es wird dir eine Portion Sicherheit verschaffen, damit du einem Ernstfall nicht planlos gegenüberstehst.

3.   Mögliche Notfallszenarien

Frühjahr 2020: Die Medien sind beherrscht von einem Thema: COVID-19, bzw. dem Corona-Virus. Anfang Februar liegt der Hotspot ausschließlich in China; Es herrscht großes Staunen, wie schnell dort neue Krankenhäuser gebaut werden. Dann geht es auch in Europa los: Gerade zur Finalzeit des Faschings tauchen mehr und mehr Fälle auf, in Venedig wird der Karneval abgesagt. In Deutschland werden die Faschingsumzüge munter begangen; die großen, dichten Menschenansammlungen begünstigen die Ausbreitung des Virus. Nach und nach trudeln Skiurlauber aus Italien ein, während dort das öffentliche Leben allmählich erlahmt. In Deutschland werden zunehmend mehr Veranstaltungen abgesagt, Schulen, Kindergärten und Universitäten geschlossen. In den Supermärkten werden Regale leergekauft, ein Anblick, den die jüngeren Generationen in Westeuropa nicht kennen; gleichzeitig klagen Apotheken, Arztpraxen und Krankenhäuser über Medikamentenmangel. Schließlich sind Bayern und das Saarland die ersten Bundesländer, die eine Ausgangsbeschränkung verhängen, bis es schließlich in ganz Deutschland zu gravierenden Versammlungsverboten kommt.

Was klingt wie die Einleitung zu einem Thriller, ist nun Wirklichkeit geworden. Sogenannte Prepper, die sich das Horten von Gebrauchsgegenständen und das Vorbereiten auf den totalen Ausnahmezustand zum Hobby gemacht haben, bekommen nun ihren großen Auftritt und können der Öffentlichkeit zeigen, was sie richtig – und die anderen falsch – gemacht haben.

Aber seien wir mal ehrlich: Sind Hamsterkäufe, das Bunkern von Vorräten und das Anlegen von sog. „Bug out locations", also geeigneten Fluchtorten, wirklich sinnvoll? In Deutschland gibt es eine Behörde, die für den Ernstfall zuständig ist, nämlich das Bundesamt für Bevölkerungsschutz und Katastrophenhilfe. Diese stellt die wichtigsten Informationen bereit, koordiniert die Kommunikation über verschiedene Verwaltungsebenen hinweg und kümmert sich um den Schutz der Bevölkerung. Prepper reden oft von anarchischen Zuständen, in denen der Staat die Kontrolle völlig verloren hat. Aber was muss denn passieren, dass es so weit kommt? Das ist sehr schwer vorstellbar, wenn man in einer geordneten Welt lebt und aufgewachsen ist. Wir sollten also niemals übertreiben, sondern lieber realistisch und vernünftig bleiben, in geordnetem Maße vorsorgen, sorgsam bei der Sache sein, aber nicht in Panik verfallen.

Welche denkbaren Szenarien könnten auf uns zukommen? Seit 1947 stellt eine Jury des „Bulletin of Atomic Scientists" die Weltuntergangs- oder Atomkriegsuhr (letzterer Name scheint mittlerweile weniger passend, da ein möglicher Atomkrieg längst nicht mehr die einzige Gefahr ist). Los ging es bei sieben Minuten vor zwölf, seitdem wurde die Uhr je nach politischer Lage höchstens einmal pro Jahr vor- oder zurückgestellt – seit einigen Jahren wird auch der Klimawandel berücksichtigt. Der beste Wert wurde 1991 mit siebzehn Minuten vor zwölf erreicht, seit Januar 2020 steht sie auf 100 Sekunden vor zwölf. Das klingt einigermaßen bedrohlich und gibt vielen Preppern Auftrieb; jedoch sollte nicht vergessen werden, dass diese Uhr vor allem Symbolcharakter trägt.

Zu den am meisten wahrscheinlichen Szenarien gehören:

- Biologische Krisen,
- Atomare Krisen,
- Krisen, die aus Umwelteinflüssen resultieren.

Es gibt also biologische Krisen – das Corona-Virus wird wohl niemand so schnell vergessen. Es gibt die Möglichkeit atomarer Gefährdungen, sei es durch Kriegseinsatz oder durch Unfälle in einem Kernkraftwerk. Die Folgen wären massive Gesundheitsschäden und Engpässe in der Lebensmittelversorgung. Außerdem sind weitere menschliche Katastrophen denkbar, wie etwa (Bürger-)Kriege, sowie Katastrophen durch Umwelteinflüsse, wie Dürren, Brände Überschwemmungen, Stürme, Tsunamis oder Lawinen. Oft aber sind diese Szenarien an sich gar nicht so schlimm, sondern die Probleme, die daraus entstehen: Das Erliegen von Industrie und Dienstleistungen, Stillstand in der Lebensmittelproduktion und der Ausfall der Stromversorgung. Man unterscheidet hauptsächlich bezüglich der Dauer der Krise:

- Kurzfristige Krise: Stunden bis maximal eine Woche,

- Mittelfristige Krise: Eine bis maximal vier Wochen,

- Langfristige Krise: Ein bis sechs Monate,

- Dauerhafte Krise: Alles über sechs Monate.

Die oben genannten Begriffe sind nicht genau definiert. Es kann also sein, dass du in anderen Lektüren dazu andere Zeitangaben findest. In diesem Buch wollen wir uns ausschließlich mit den kurz- bis mittelfristigen Krisen befassen, da diese, wenn überhaupt, am wahrscheinlichsten sind.

Ich halte langfristige Krisen für höchst unwahrscheinlich und der Aufwand für mehrere Monate oder sogar Jahre vorzusorgen, steht in keinem Verhältnis zum nötigen Aufwand und zu der Wahrscheinlichkeit des tatsächlichen Ereignisses. Dieses Thema überlasse ich gerne den Hardcore-Preppern (siehe dazu „Weiterführende Quellen im 15. Kapitel).

Fast alle Krisen haben jedoch eines gemeinsam: Es kommt zum Ausfall einer oder mehrerer Versorgungsströme, die wir für unser tägliches Lebens brauchen.

Es gibt also genug Gründe, um sich Sorgen zu machen; allerdings solltest du dir eines klar machen: Im Falle des Falles wirst du kaum auf dich allein gestellt sein! Solange staatliche Strukturen funktionieren, kannst du dich auf den Rat von Wissenschaftlern verlassen und deine Familie und deine

Freunde stecken in derselben Situation wie du – ihr könnt euch also gegenseitig unterstützen.

Es ist beispielsweise nicht ganz unwahrscheinlich, dass für einige Tage der Strom ausfällt. Ohne Strom funktioniert bei den meisten auch die Heizung nicht. Wenn du dann im Winter frierend im Dunkeln sitzt, weißt du, dass du dieses Buch besser nicht nur überfliegen und ins Regal stellen hättest sollen.

In unserer globalisierten Welt kann es ebenso zu Versorgungsengpässen welcher Art auch immer kommen. Schnell sind die Regale durch panische, meist irrationale Hamsterkäufe leergekauft. Wenn dir dann das Klopapier ausgeht und du über Wochen vor leeren Regalen stehst, erinnerst du dich gerne an deine Notfallbox im Keller.

Es geht darum, mit einfachen, leicht umsetzbaren Handlungen eine Basis an Vorkehrungen zu treffen, die dich entspannt wissen lässt, dass du auf die wahrscheinlichsten Krisen vorbereitet bist.

4.   Präventive Vorsorge

Das Problem ist: Ohne Notfall sorgt kaum jemand vor, im Notfall kann kaum jemand noch vorsorgen.

Die Lösung ist: Vor dem Notfall vorsorgen!

Wenn das Leben doch immer so einfach wäre ...

Aber Spaß beiseite: Wer aufmerksam die Nachrichten und das Wetter verfolgt, sollte sich einen gewissen Vorsprung verschaffen können. Natürlich kann auch immer etwas Plötzliches, Unvorhergesehenes passieren: Für diesen Fall liest du dieses Buch, für diesen Fall bereiten sich Prepper vor, für diesen Fall schadet es nicht zu wissen, was zu tun ist.

Das Bundesamt für Bevölkerungsschutz und Katastrophenhilfe (BBK) empfiehlt, sich so mit Vorräten einzudecken, dass man zehn Tage lang autark überleben kann. Du gehst also (oder fährst) mit einer langen Einkaufsliste zum Supermarkt, lässt ein Vermögen an der Kasse zurück, schleppst die Einkäufe nach Hause, wo dir auffällt: Du hast irgendwie gar keinen Platz dafür! Also noch schnell weiter zum Baumarkt und mehr Regale kaufen? Oder einen Lagerraum anmieten? Beides stellt nicht so wirklich zufrieden, und wenn der Ernstfall schon eingetreten ist, hast du womöglich gar keine Gelegenheit mehr dazu. Die Einkäufe einfach auf dem Boden lagern? Zur Not kannst du dann immerhin sofort darauf zugreifen, aber wenn du nur vorsorgst und der Ernstfall noch nicht absehbar ist, ist das auch nicht die eleganteste Lösung.

Eine einfache Methode ist es, deine Sorgen mit Familie, Freunden oder Nachbarn zu besprechen. Vielleicht wollen sie ja auch Vorräte anlegen? Oder haben es sogar schon getan? Dann tut euch doch einfach zusammen, teilt eure Lagerkapazitäten – natürlich sollten die Rationen trotzdem für alle reichen – und helft euch gegenseitig dabei, neue Lagerräume zu schaffen.

Beschränke deine Vorbereitung auf Dinge, die wirklich notwendig sind. Dies unterscheidet dieses Buch von den Standardwerken der Prepper. Für das Nötigste reichen 2-3 Kisten mit 40-60 Liter Volumen im Keller. Die bekommst du vielleicht auch oben auf dem Kleiderschrank oder unter dem Bett verstaut, wenn du keinen Keller zur Verfügung hast. Wollen wir uns nun aber anschauen, was du wirklich brauchst.

DIE 3ER-REGEL

Die sogenannte 3er-Regel gibt dir eine Richtlinie vor, wie die Prioritäten bei der Vorsorge gesetzt werden sollten. Diese Regel besagt, dass ein Mensch durchschnittlich

- 3 Minuten ohne Luft,
- 3 Stunden bei großer Kälte,
- 3 Tage ohne Wasser,

- 3 Wochen ohne Nahrung

überleben kann. Es gibt viele weitere Ergänzungen der 3er-Regel, wir wollen es aber bei dieser einfachen Variante belassen. Ebenso können sich die Prioritäten je nach Situation leicht verschieben. In der Wüste ohne Wasser kannst du beispielsweise auch nach 2 Tagen schon verdurstet sein, aber dies soll hier kein Thema sein. Wir nehmen diese Regel als eine Art roten Faden mit durch dieses Kapitel. Kommen wir also zum ersten Punkt der 3er-Regel.

I. LUFT

Ein Szenario, in dem unsere Luft zum Atmen länger nicht mehr verfügbar ist, ist zwar vorstellbar, aber höchst unwahrscheinlich (es sei denn du bist Taucher). Sich auf mehrere Stunden oder sogar Tage ohne Sauerstoff vorzubereiten, ist extrem aufwendig.

Eine mögliche Situation wäre aber zum Beispiel ein Brand in deinem Haus oder deiner Wohnung. Die Luft ist voller Rauch und somit nicht mehr zum Atmen geeignet. Die meisten Menschen sterben in einer solchen Situation nicht an Verbrennungen, sondern an Rauchvergiftungen. Neben einem obligatorischen Rauchmelder und im optimalen Fall sogar Feuerlöscher haben die meisten keinen Fluchtfilter verfügbar. Ein Fluchtfilter ist in einer kleinen Box im Nachttisch oder an einem anderen günstigen Ort verstaut. Dieser kann im Notfall aufgesetzt werden und gibt dir die zusätzlichen Minuten, um das Gebäude zu verlassen. Pro Person im Haushalt sollte ein Fluchtfilter vorrätig sein.

Ein weiteres Szenario wäre der Schutz vor Krankheiten. So geschehen im Frühjahr 2020, als sich wie schon berichtet das Coronavirus verbreitete. Masken und Mundschutze waren sofort ausverkauft. Glücklich war derjenige, der in seiner Notfallkiste eine Packung FFP2-Masken verstaut hatte.

II.   KÄLTE

Das Thema Kälte bzw. Wärme ist komplex und ich möchte dieses gesondert behandeln, daher verweise ich an dieser Stelle auf das nächste Kapitel.

III.   WASSER

Ohne Wasser kann ein Mensch etwa drei bis vier Tage überleben – das ist sehr lang, wenn man bedenkt, dass man nach wenigen Stunden schon sehr durstig wird, wird die Zeit vor dem Tod nicht sehr angenehm. Ein lange andauernder Stromausfall kann die Trinkwasserpumpen zum Erliegen bringen. Mineralwasser wird in Flaschen eingepackt verkauft, so dass es sehr lange haltbar ist. Plastikflaschen können zwar nach einiger Zeit Partikel an das Wasser abgeben; aber es gibt ja auch Glasflaschen und außerdem kauft man das Wasser nicht für mehrere Jahre im Voraus: Du kannst also den Vorrat nach einigen Monaten aufbrauchen und wieder neu kaufen. Das Wasser sollte unbedingt vor Sonnenstrahlung geschützt gelagert sein. Die Flaschen sollten nicht geöffnet gelagert werden. Als Richtwert kannst du pro Person und Tag mit mindestens 2-3 Liter Trinkwasser rechnen. Möchtest du zusätzlich auch Brauchwasser für Kochen und Körperpflege miteinberechnen, musst du mit mindestens 8 Litern Wasser pro Person und Tag rechnen.

Wenn du ein natürliches Gewässer in der Nähe hast, kannst du natürlich auch daraus dein Wasser zapfen, hier solltest du aber aufpassen: Quellwasser ist eher unproblematisch, aber je weiter das Wasser bis zu dir schon unterwegs war, desto wahrscheinlicher ist es, dass es verunreinigt ist. Selbst in klaren Gebirgsbächen kann weiter oben ein totes Tier liegen, in Flüssen und Seen wird gebadet, an Ackerflächen kann es mit Nitrat verseucht werden. Es gibt daher chemische und mechanische Reinigungssysteme, die unterschiedlich gut wirken. Der Markt bietet eine Vielzahl von Wasseraufbereitungstabletten. Chemische Desinfizierung von geringen Mengen Wasser ist beispielsweise mit „Micropur" von der Firma Katadyn möglich. Diese Produkte müssen immer eine bestimmte Zeit wirken. Bitte lies unbedingt die Packungsbeilage vor der Verwendung.

Sinnvoll ist es, Regenwasser zu sammeln, etwa in einer Regentonne oder einer Zisterne. Alternativ kannst du dir auf deinem Grundstück auch einen Brunnen bohren lassen. Ist dein Getränkevorrat aufgebraucht, kannst du in der Not auf dieses Wasser zurückgreifen. Ich empfehle aber, dies vorher zu filtern. Es gibt viele verschiedene Arten von Wasserfiltern, für die unterschiedlichsten Anwendungsgebiete. Mache dir selbst einen Überblick und entscheide, welcher Filter für dich infrage kommt. Ich persönlich habe gute Erfahrungen mit den Systemen von LifeStraw (https://klickehier.com/lifestraw) gemacht. Ich habe nur Trinkwasser, also 3 Liter pro Person und Tag für zwei Wochen, eingelagert und werde im Notfall meine Zisterne im Garten nutzen und dieses Wasser mit Filter oder Tabletten aufbereiten.

Aufbereitetes Wasser kannst du in Kanistern lagern, am besten lebensmittelecht und nach DIN 61. So kannst du viele verschiedene Deckel und Aufsätze verwenden. Praktisch sind Kanister in der Größe von 20 bis 30 Litern, auf diese Weise sind sie noch transportabel und gut portioniert. Falls es zu einer Verunreinigung kommen sollte, ist nicht gleich dein gesamter Vorrat kontaminiert. Sind die Kanister zusätzlich faltbar, kannst du sie platzsparend lagern.

Es schadet nicht, uns immer wieder vor Augen zu rufen, dass wir auch ohne Not sparsam mit Wasser umgehen sollten.

Auch hier gilt: Nicht übertreiben, aber auch nichts verschwenden, nur weil wir zurzeit genug davon haben.

Wasser braucht man aber nicht nur zum Trinken – Kapitel zum Kochen und zur Hygiene folgen noch. Allerdings werden die meisten Toiletten auch mit Wasser gespült. Früher wurde bei jedem Neubau eine Grube angelegt, die dann regelmäßig mit einem großen Tanker geleert wurde, kein sehr angenehmes Erlebnis. Falls die Wasserspülung einmal nicht mehr funktionieren sollte, wird es eklig. Wenn du genug Wasser hast, kannst du auch mit einem Eimer nachspülen, dies geht aber nicht unbegrenzt. Wenn das Wasser knapp wird oder die Kanalisation nicht mehr arbeitet, ist dies keine Option mehr.

Wenn du im Besitz eines Hauses bist, kannst du rechtzeitig umrüsten auf eine sog. „Kompost-Toilette": Dazu wirfst du nach jedem Gebrauch eine Portion Sägespäne in die Toilette und kurbelst, anstatt zu spülen. Es sammelt sich zwar auch alles in einer Grube, die geleert werden muss, stinkt aber bei Weitem nicht so stark und ist auch besser abbaubar, da die Sägespäne für die richtige Verbindung sorgen. Der erste Gang auf eine solche Toilette erfordert etwas Überwindung, aber man hat sich relativ schnell daran gewöhnt, auch an das Kurbeln. Natürlich sollte die Kurbel hin und wieder gereinigt werden, aber auch das bekommst du hin! Mit der Zeit wirst du dich über deine Investition freuen, da du viel Wasser sparst und es auch ohne Krisenzeit sehr schade ist, gutes Trinkwasser in den Abfluss zu spülen.

Ohne Eigenheim kannst du natürlich nicht so einfach umbauen. Wenn du auf dem Land wohnst, ist der nächste Wald vielleicht nicht weit entfernt. Das ist jedoch nicht zu empfehlen. Wenn das viele Leute machen, kann das wirklich unangenehm werden, davon abgesehen, dass der Boden völlig überdüngt wird. Aber im absoluten Notfall kann das eine Lösung für ein paar Tage sein.

Aber wenn du in der Stadt in einem Mehrfamilienhaus lebst, bist du auf eine Wassertoilette angewiesen. Falls sie wirklich ausfallen sollte, kannst du dich wieder bei Freunden, Bekannten und Nachbarn umhören, vielleicht hatten die ja mehr Glück. Außerdem solltest du ein paar öffentliche Gebäude aufsuchen: Das Rathaus etwa, eine Universität oder ein größeres Museum. Vielleicht wurden diese an ein Notstrom-Aggregat angeschlossen und die Angestellten haben Mitleid mit Privatleuten. Möglicherweise wird deine Kommune auch von selbst tätig und stellt mobile Toilettenhäuschen auf. Falls du aber darauf bestehst, deine Notdurft in deinen eigenen vier Wänden zu verrichten, dann spanne einen Müllbeutel durchhängend unter die Klobrille ... und hoffe, dass dieser Ernstfall niemals eintritt!

Alternativ können auch mobile Campingtoiletten einge-setzt werden. Diese benötigen zusätzlich chemische Mittel und müssen natürlich auch geleert werden.

IV.   NAHRUNG

Solange die Supermärkte geöffnet bleiben, ist die Ernäh-rung kein Problem, doch wenn sie schließen, tritt der Ernstfall ein, könnte man meinen. Das ist allerdings eine traurige Ein-stellung unserer Zeit: Haben es die Menschen in vergangenen Jahrhunderten nicht auch geschafft, zu überleben, bevor diese riesigen Discounter erfunden wurden? Also, keine Panik: Niemand muss verhungern, wenn man bereit ist, seine Ein-kaufsgewohnheiten zu ändern. Am einfachsten, entspanntes-ten und nachhaltigsten ist es, wenn man sich von gefüllten Supermarktregalen loslöst und Kontakt zu den örtlichen Kleinbauern sucht.

Schon einmal etwas von einer SoLaWi gehört? Das steht für Solidarische Landwirtschaft. Dieses Prinzip funktioniert so: Ein Bauer und mehrere Nicht-Bauern schließen sich soli-darisch zusammen. Der Bauer bewirtschaftet seinen Hof, aber anstatt an den Markt zu verkaufen, stellt er seine Erträge sei-nen Vertragspartnern, auch „Mit-Bauern" genannt, zur Verfü-gung. Diese zahlen ihm monatlich Geld und bekommen dafür eine festgelegte Menge an Waren. Dieses Angebot hängt von der Jahreszeit und vom Wetter ab, aber durchschnittlich bekommt hier jeder seine Grundnahrungsmittel, und oft auch vieles, was man sonst noch so braucht: Den Gemüsebedarf kann man decken, Kartoffeln, Mehl, Milch, Eier und auch Fleischwaren sind zu bekommen. Diese sind regional, nachhaltig und nicht von der Weltwirtschaft abhängig, was auch in Friedenszeiten einen enormen Vorteil bietet. Der Bauer hat den Vorteil, dass er nicht mehr bangen muss, ob er seine Produkte auf dem Markt zu dem gewünschten Preis verkauft bekommt, und er wird in einem schlechten Erntejahr von der Unterstützung der solidarischen Mit-Bauern getragen. Oft ist es üblich, dass die Mit-Bauern ein paar Tage lang bei der Ernte helfen. Unter den Mit-Bauern hilft man sich auch gegenseitig: Einer kocht zum Beispiel Kohl für alle ein, während ein anderer Marmelade einkocht und wieder ein anderer Fallobst aufsammelt. Auf diese Weise könnte deine Ernährung unabhängig vom Supermarkt sichergestellt sein.

Auch innerhalb einer Stadt gibt es die Möglichkeit, über seine Lebensmittel selbst zu wachen. Gemeinschaftliche Gartenprojekte sprießen genauso aus dem Boden wie die klassischen Schrebergärten und bilden grüne Kleinode inmitten der Großstadt (und natürlich auch Kleinstadt).

All diese genannten Punkte brauchen einige Zeit Vorlauf, bis man wirklich davon leben kann. Deshalb muss man hier vorausschauend agieren, bevor es zur Katastrophe kommt. Natürlich ist es wünschenswert, sich einer SoLaWi aus Überzeugung und Interesse an der Ernährung anzuschließen und nicht aus Angst vor dem Verhungern. Allerdings ist es das Ergebnis, was zählt.

Wenn du aber alle Vorzeichen übersehen hast und von der Katastrophe überrascht wirst, musst du wie alle anderen in den Supermarkt stürzen und hoffen, dass noch nicht alles ausverkauft ist. Zum Lagern eignen sich Kohlenhydrat-Lieferanten wie Nudeln und Reis, aber auch Kartoffeln und Linsen. Das BBK hat eine genaue Checkliste erstellt, wie viel Kilo wovon eine Person für zehn Tage benötigt. H-Milch im Tetrapack hält eine Weile, aber nicht länger als ein paar Monate. Eier, Butter und Käse sollten relativ schnell verbraucht werden, auch Brot trocknet schnell aus! Bei frischem Gemüse sieht es eher schlecht aus. Bis zu einer Woche kühl gelagert, ist es kein Problem, darüber hinaus verderben die meisten Gemüsearten recht bald. Im Gefrierschrank lässt sich alles sehr lange lagern, aber bei Stromausfall fällt diese Möglichkeit komplett weg. Trockenobst und Konservendosen sind keine extrem vitaminreichen, aber annehmbaren Alternativen. Nicht vergessen, ausreichend Schokolade zu kaufen! Die hält lang und kann schlechte Stimmung schnell heben. Vor allem Kinder lassen sich damit gerne bestechen.

Von diesen oben genannten Lebensmitteln kann man einige Zeit lang gut leben. Irgendwann wird der Speiseplan jedoch eintönig und langweilig. Warum also nicht mit Selbstgemachtem herumprobieren? Gemüse lässt sich einlegen, Beeren zu Marmelade einkochen. Generell halten verarbeitete Lebensmittel länger als frische, letztere sind aber gesünder. Nicht umsonst wurden in allen Kulturen über die Jahrhunderte verschiedenste Techniken entwickelt, um Lebensmittel haltbar zu machen. Auch Räuchern ist eine Möglichkeit, man denke nur an Lagerräume, in denen kiloweise Hartwürste und Räucherfleisch von der Decke hängen ... Im Katastrophenfall ist es allerdings nicht hilfreich, von leckeren Speisen zu träumen. Das macht nur hungrig und führt dich in Versuchung, deine Vorräte zu plündern. Das darfst du nicht zulassen, denn wenn sie genau abgezählt sind und du sie zu früh aufisst, hast du später nichts mehr, das musst du dir immer klar machen, auch wenn dir das Wasser im Munde schon zusammenläuft. Hier kann es hilfreich sein, genaue Listen zu führen, was wann gegessen werden darf und welche Gerichte du für welchen Tag geplant hast. Schreib dir die Rezepte heraus, bevor du einkaufen gehst, damit du an alle Zutaten denkst. Auch wenn dir die Trockenpflaumen schon zum Hals heraushängen: Gib nicht auf! Wenigstens hast du etwas zu essen, und wenn die Krise vorbei ist, wirst du irgendwann darüber lachen können. Wenn du Kinder mitversorgst, pass auf, dass sie sich nicht unerlaubt Zugriff verschaffen. Sprich mit ihnen darüber, dass du das Essen für die nächsten Tage nun unter Verschluss hältst, verstecke die Leckereien oder greife zu drastischeren

Maßnahmen: Ein Schloss am Vorratsschrank hält garantiert kleine Langfinger fern.

Um die Übersicht zu behalten, hat es sich auch bewährt, alle Vorräte in Kisten abzupacken. Eine Kiste versorgt dann etwa eine bis zwei Personen eine Woche lang mit Nahrung (und Wasser). Es empfiehlt sich, diese Kisten nicht allzu schwer zu machen, sie sollten schon transportierbar bleiben! Mehr als 20 Kilo sollten in eine Kiste nicht hinein. Das Kistensystem hat den Vorteil, dass erstens alles sehr ordentlich bleibt, und man zweitens in der größten Not innerhalb von wenigen Augenblicken abreisebereit ist. Zwar ist eine Lebensmittelkiste noch kein Survival-Rucksack (dazu später mehr), aber es schadet nicht, die wichtigsten Lebensmittel griffbereit zu haben. Außerdem lassen sich die Kisten sehr leicht stapeln.

Wie eine Kiste beispielsweise aussehen kann, ist den Checklisten am Ende des Buches zu entnehmen. Generell solltest du aber nicht von deinen grundlegenden Essgewohnheiten abweichen. In der Krise auch noch seine Nahrung umzustellen, bringt eine zusätzliche Belastung. Hast du Babys oder Kleinkinder mit zu versorgen, achte auch auf deren Bedürfnisse. Geh einfach durch den Supermarkt und schaue, was dir gefällt. Ist es lange haltbar, ist es perfekt für deinen Notvorrat. Viele Gerichte gibt es auch in Dosen, die in der Regel sehr lange haltbar sind.

In deiner Box gilt immer die Regel „First in – first out". Das bedeutet, dass was du zuerst hineingelegt hast, sollte auch zuerst verbraucht werden. So vermeidest du, dass die Produkte zu lange in deiner Box sind.

Ich habe mir zwei Kisten für je eine Woche für zwei Personen in den Keller gestellt (siehe Foto). Dort sind abwechslungsreiche Nahrungsmittel enthalten, welche mindestens ein Jahr haltbar sind. In meinem Kalender habe ich mir dann eine sich jährlich wiederholende Erinnerung gemacht, die Kisten zu überprüfen. Ich verbrauche dann die Lebensmittel, die bald ihre Mindesthaltbarkeit erreicht haben und ersetze diese durch neu gekaufte Produkte. So kann ich sichergehen, dass meine Kisten immer aktuell sind.

Durch die Wochenration pro Kiste kannst du selbst flexibel entscheiden, für wie viele Wochen du vorbereitet sein möchtest. Zusätzlich kannst du die Kisten einfach platzsparend stapeln und leicht in dein Auto laden, falls du doch dein zu Hause verlassen musst.

Es ist zu empfehlen, auf die Box einen Zettel zu kleben, auf dem die Überschrift „Notvorrat für eine Woche", eine Stückliste mit dem Inhalt und dem Gewicht steht. So kannst du leicht überprüfen, was gegebenenfalls nachgekauft werden muss. Einen fertigen Vordruck, in dem du deine eigenen Produkte eintragen kannst, findest du (wieder gedruckt) in Band II (https://klickehier.com/band2).

Tipp: Eine Vorgehensweise, die sich unter vielen Preppern durchgesetzt hat, ist das Vakuumieren. Es gibt Vakuumiergeräte mit denen man aus Beuteln die Luft saugen und verschweißen kann. So kann man Produkte noch länger haltbar machen, da man den Sauerstoff und die Feuchtigkeit entzieht, welche die Hauptursachen für das Verderben von Lebensmitteln sind. Ich empfehle, zusätzlich noch einen Silikatbeutel mit in den Beutel zu packen, der die Restfeuchte bindet. Auf diese Weise kannst du zum Beispiel einen Beutel Reis oder einen Beutel Mehl nahezu unbegrenzt haltbar machen. Ein weiterer Vorteil ist, dass die Produkte von äußerlichen Einflüssen (z. B. Dreck oder Wasser) gut geschützt sind (siehe Foto).

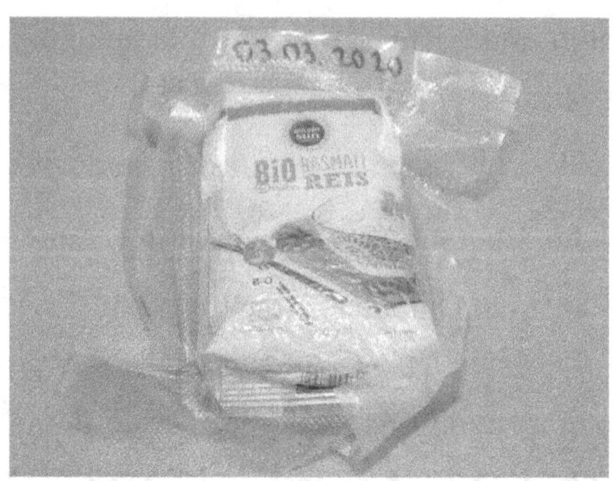

Grundsätzlich sollten deine Notfallkisten kühl, trocken und vor UV-Licht geschützt gelagert werden. Der trockene Keller, sofern vorhanden, ist ein geeigneter Ort. Gegebenenfalls können die Boxen auch mit einem großen Müllsack ausgekleidet werden, welchen du dann mit Panzertape fest verschließt, um den Inhalt vor Feuchtigkeit und fremden Zugriff, zum Beispiel von neugierigen Kindern oder Haustieren, zu schützen.

5.   Kochen, Heizen und Strom

I.   KOCHEN

Wenn man nun seine Lebensmittel zu Hause vorrätig hat, muss man sie nur noch genießbar machen! Das ist im Ernstfall leider einfacher gesagt als getan. Wenn der Strom ausfällt, funktioniert kein Elektroherd mehr. Wer im glücklichen Besitz eines Gasherdes ist, hat kein Problem, zumindest solange bis die Gasversorgung ausfällt oder die Gasflasche leer ist. Aber zum Glück werden in der boomenden Outdoorbranche Jahr für Jahr neue Campingkocher entwickelt, sodass wir uns hier nur bedienen müssen.

Bevor du dich für einen Kocher entscheidest, solltest du überlegen, wofür du ihn wirklich brauchst. Willst du einen gleichwertigen Ersatz haben, wenn der Herd durch Stromausfall nicht funktioniert? Oder willst du einen winzigen Kocher haben, den du überallhin mitnehmen kannst? Oder weißt du von vornherein, dass du im Falle des Falles nach draußen flüchten wirst, sodass für dich eine Kochstelle auf Feuer infrage kommt?

Das Positive an diesem Kapitel ist, dass du dich hiermit nicht nur auf eine Krisenzeit vorbereitest, sondern du deinen Kocher im Sommer auch mit zum Zelten nehmen kannst! Ein paar Tage auf einem Campingplatz zu übernachten, macht nicht nur Spaß und ist vor allem bei Kindern sehr beliebt, sondern bietet dir die Chance, gleichzeitig deine Ausrüstung zu testen. Du lernst deinen Schlafsack kennen, merkst, wie gut deine Isomatte die Bodenkälte abhält (dazu später mehr!) und kannst dabei vor allem den Kocher ausprobieren. Mit ein bisschen Übung kannst du damit schmackhafte Gerichte zaubern, du wirst hier zu jeder Kocherart eine Kochidee finden.

HINWEIS: Sollten die folgenden vorgestellten Kocher in einem geschlossenen Raum verwendet werden, ist auf eine ausreichende Durchlüftung zu achten, da sonst die Gefahr einer Kohlenmonoxidvergiftung besteht. Für das eigene Heim ist ein zusätzlicher Kohlenmonoxidmelder eine Überlegung wert, vor allem wenn man ohnehin einen Kamin besitzt.

Der Spirituskocher

Von z. B. Trangia (https://klickehier.com/kocher) oder Esbit gibt es ganze Koch-Sets mit Kocher inklusive geeigneten Töpfen, Pfannen und Deckeln, klassischerweise ein großer, ein kleiner Topf und eine Pfanne, die umgedreht als Deckel für beide Töpfe dient. Das spart Platz und Gewicht auf der Reise. Der Spiritus wird in ein verschließbares Behältnis gegossen, so dass man den Rest einfach darin lassen kann, sollte man nicht alles verbrennen. Dieses Behältnis stellt man auf einen stabilen Sockel und darüber kommt ein Windschutz. Dann wird der Spiritus angezündet, die Flamme lässt sich über eine Abdeckung regulieren. Der Windschutz dient gleichzeitig als

Auflagepunkt für Töpfe und Pfannen, so dass diese direkt über der Flamme stehen und die Wärme optimal genutzt werden kann. Der einzige Nachteil ist, dass pro Kocher nur ein Topf bzw. eine Pfanne bedient werden kann. Dies eröffnet einem die ganze Welt der One-Pot-Gerichte. Alternativ einfach im großen Topf Nudeln oder Reis kochen, oder etwas anderes, was man gerade da hat – da sind der Fantasie keine Grenzen gesetzt. Währenddessen Gemüse würfeln – es ist völlig dem individuellen Geschmack und der Verfügbarkeit überlassen, welches man nimmt. Wenn das Essen im großen Topf fertig ist, das Gemüse im kleinen Topf köcheln lassen, gegebenenfalls Wasser dazugeben. Zur Verbesserung des Geschmacks Tomatensoße aus der Dose hinzufügen und je nach Lust und Laune würzen. Zwar sind die Nudeln (oder ähnliches) schon etwas abgekühlt, bis das Gemüse fertig ist, aber mit der Soße vermischt hat alles eine gute Esstemperatur. Je nach Kochset-Größe kannst du bis zu vier Personen verpflegen. Nach dem Kochen dient der Kocher gleich noch als Heizung: Wenn man den Windschutz abnimmt, verteilt die Flamme eine angenehme Wärme im Raum. Mit einem Liter Spiritus kommt man locker drei bis vier Tage aus. Praktischerweise ist er sehr lange haltbar, und wenn die Notzeit überstanden ist, kann man ihn als Putzmittel verwenden. Zudem verbrennt Spiritus sauber und rückstandsfrei und verdunstet auch schnell. Man muss sich also keine Sorgen machen, wenn beim Eingießen ein paar Tropfen daneben gehen sollten.

Der Benzinkocher

Hier ist der Brenner über den Schlauch mit der Benzinflasche verbunden. Er steht auf einem kleinen Stativ, das sehr stabil ist, aber keinerlei Windschutz bietet. Bei einem Benzin-Kocher ist ein wenig mehr Vorsicht ratsam, da man ein Umschütten vermeiden sollte. Der Vorteil ist jedoch, dass eine kleine Flasche Benzin sehr lange reicht und die Flamme direkt über ein Rad am Schlauch gesteuert werden kann, sodass man nicht jedes Mal den Topf wegnehmen muss. Alles in allem also ein Kochgerät, das mehr Übung erfordert, dann aber sehr gute Resultate liefert. Er kann auch bei großer Kälte einwandfrei eingesetzt werden. Aber auch hier gibt es wieder den Nachteil, dass man nur jeweils einen Topf auf die Flamme stellen kann. Außerdem ist beim Kauf Kochgeschirr selten inklusive, sodass man sich noch um passende Töpfe kümmern muss. Ansonsten ist das Kochen ähnlich wie auf dem Spirituskocher.

Der Gaskocher

Die Welt der Gaskocher ist sehr vielfältig. Hier gibt es besonders viele Modelle. Grundsätzlich unterscheidet man zwischen mehrflammigen Gasherden und kleinen einfachen Gaskochern. Gasherde sind eher zum Campen mit dem Auto oder Reisemobil gedacht, weil sie schwer, groß und sperrig sind, aber einen entscheidenden Vorteil aufweisen: Sie sind wie ein mobiler Gasherd und haben zwei oder sogar drei Flammen, die parallel benutzt werden können. Die kleineren Modelle mit nur einer Flamme wie bei Benzin- oder Spirituskocher finden auch in einem Rucksack Platz. Die Brennstoffversorgung erfolgt meist über Gaskartuschen, die per Schlauch an den Kocher angeschlossen werden oder die Kartuschen sind direkt im Kocher (Stech- oder Ventilkartuschen). Dies ist ziemlich ungefährlich, da nichts auslaufen kann. Allerdings sollte man nachts den Kocher etwas weiter weg lagern und die Kartuschen sorgfältig zudrehen, damit kein Gas austreten kann. Wenn man sich schon den Luxus eines mehrflammigen Gasherdes leistet, kann man auch ordentlich aufkochen: Wieso nicht Kartoffelknödel machen? Die können munter in einem großen Topf vor sich hin köcheln, während man auf der anderen Flamme die Beilage zubereitet.

Der Kohleofen

All die bisher genannten Kocher lassen sich sowohl indoor als auch outdoor verwenden, weil sie keine offene Feuerstelle darstellen. Der Kohleofen darf dagegen nur draußen benutzt werden! Ansonsten besteht akute Brandgefahr – man kommt ja auch nicht auf die Idee, im Wohnzimmer ein kleines Feuer anzuzünden! Ein solcher Kohleofen eignet sich also nur, wenn du davon ausgehst, dein Haus verlassen zu müssen. Der ultimative Vorteil ist allerdings, dass du auf einem Kohlebecken für viel mehr Personen kochen kannst als mit den oben genannten einflammigen Kochern. Du musst aber auch mehr Geduld mitbringen und leicht transportierbar ist das Ganze auch nicht, weil du große Kohlesäcke, die Kohlewanne und schwere gusseiserne Töpfe brauchst. Es funktioniert so: Du füllst die Kohle in einen Anzündturm und setzt darunter einen Anzünder in Brand. Jetzt muss die Kohle erst einmal durchglühen – das dauert etwa eine halbe bis dreiviertel Stunde -, dann kannst du sie in das Becken schütten. Nun ist die Kohle so heiß, dass du problemlos darauf kochen kannst. Es eignet sich zum Beispiel für eine große Portion Eintopf oder eine sehr große Portion Suppe. Die Kohle speichert die Wärme sehr lange, sodass du das Becken nach dem Kochen noch als Heizung verwenden kannst oder noch einmal nachkochen, wenn dich nachts noch einmal der Hunger quält. So ist bis um Mitternacht noch genug Hitze vorhanden, um z.B. Spiegeleier zu braten.

II.   HEIZEN

Von allen genannten Kochern eignen sich einige auch zum Heizen. Falls also wirklich der Strom ausfallen sollte, ist man hiermit schon einigermaßen gerüstet – zumindest muss man nicht erfrieren. Was gibt es alles für Möglichkeiten gegen Kälte? Grundsätzlich gilt: Warme, sinnvolle Kleidung schützt am besten! Außerdem sollte man einen windstillen Ort aufsuchen. Der klassische dicke Pullover ist schon einmal ein guter Anfang, aber mit dem richtigen Wissen lässt sich noch einiges verbessern: Ein gutes Mittel gegen Kälte ist Bewegung. Wenn

der Kreislauf in Schwung ist, wirst du weniger frieren, und
wenn du richtig Sport machst, wird dir von selbst warm werden. Achte aber darauf, dass deine Kleidung nicht nass wird,
da dies eher kontraproduktiv wäre. Trockene Luft ist besser
als feuchte. Man kommt langfristig um eine Heizung aber
nicht herum. Es gibt verschiedene mobile Geräte, die ähnlich
wie Campingkocher mit Benzin, Gas oder Spiritus betrieben
werden können. Für einige Campingkocher gibt es spezielle
Heizaufsätze. Draußen kommt dann das Kohlebecken oder
das klassische Feuer infrage; hierbei unbedingt aufpassen:
Das Feuer darf nicht bei großer Trockenheit entfacht werden,
ein Wald sollte auch vermieden werden. Am besten die Feuerstelle mit Steinen begrenzen und falls möglich sogar auf Steinen aufbauen. Für den Notfall sollte ein Eimer Wasser zum
Löschen griffbereit stehen. Zum Anzünden eignen sich dünne
Zweige und trockene Blätter. Wenn man eine ordentliche
Flamme hat, können größere Holzscheite daraufgelegt werden. Aus dem Nichts eine Flamme zu entzünden, ist sehr
schwer; wer Stöckchen aneinanderreibt, weil er es im Film so
gesehen hat, sollte nicht allzu bald auf ein Ergebnis hoffen.
Diese Fähigkeit lässt sich am besten mit einer genauen Anlei-
tung üben oder in einem Survival-Kurs erlernen.

Im Haus fällt das offene Feuer natürlich weg, es sei denn
du hast einen Ofen oder einen Kamin. In diesem Fall hast du

das Wärmeproblem natürlich schon gelöst. Du musst nur auf einen ausreichenden Vorrat an Holz achten.

Gegen akute Kälte kann man sich Knick-Wärme-Pads kaufen, die die Hände wärmen. Fleece-Kleidung und Wolle wärmen schneller als Baumwolle. Die untersten Kleidungsschichten sind am wichtigsten, da dort die Wärme, die vom Körper abgestrahlt wird, eingefangen werden muss. Mütze, Handschuhe und dicke Strümpfe sind schon einmal eine gute Basis, an Rumpf und Beine gehört speziell für Kälte entwickelte Funktionskleidung. Wer diese nicht zur Verfügung hat, gibt sich mit normaler Kleidung zufrieden.

Im Haus oder in einer Wohnung gilt es zunächst, die vorhandene Wärme in den Räumen zu belassen. Lüfte nur kurz und schließe alle Türen im Gebäude. Sollte es wirklich kritisch werden, sollten sich immer alle Personen in nur einem möglichst kleinen Raum aufhalten, um die Körperwärme zu konzentrieren.

Ein relativ einfacher Fall ist der Ausfall der Heizung durch beispielsweise einen technischen Defekt. In diesem Fall empfiehlt es sich, einen elektrischen Heizlüfter bereitzuhalten.

Eine praktische mobile Heizung sind wie schon erwähnt andere Menschen oder sogar Tiere: Wenn Familie oder Freunde in der Nähe sind, hat man eine gute Gelegenheit, einmal ausgiebig zu kuscheln. Viele Säugetiere haben eine höhere Körpertemperatur: Ein Hund gibt noch nicht so viel Wärme ab, aber bei Rindern oder Pferden sieht es da schon anders aus. Frage also ruhig einmal beim nächsten Bauern oder im Reitstall nach. Nicht umsonst wurden früher die Wohnstuben über den Tierställen errichtet, sodass gleich eine Fußbodenheizung eingebaut war.

Eine Möglichkeit gibt es noch, die aber nur kurzfristig angewendet werden sollte, wenn es gar nicht mehr anders geht: Man kann sich auch ins Auto setzen und bei laufendem Motor die Heizung anmachen. Dies ist allerdings aus klimaschutzgründen bedenklich und sollte nur getan werden, wenn man sich sicher ist, dass man wieder auftanken kann!

III.   STROM

In unserem Alltag verbrauchen wir meist sehr viel Strom. Ein längerer Stromausfall kann also eine gute Gelegenheit sein, um zu hinterfragen, welche elektrischen Geräte wir wirklich brauchen.

Zum Vergleich können wir uns einmal anschauen, wie Gebäude ausgestattet sind, die über keinen Anschluss an das Stromnetz verfügen – also zum Beispiel Berghütten. Hier wird sich gerne mit Dieselgeneratoren beholfen, außerdem kommen immer mehr Solarpanels auf die Dächer. Eine wärmesparende Bauweise, gute Dämmungsmaterialien und der Gebrauch von energiesparenden Geräten sorgen für eine generelle Reduzierung der Betriebskosten.

Die Wenigsten werden allerdings auf eine Berghütte ziehen wollen und auch einen Generator stellt sich kaum jemand in den Garten. Es sei an dieser Stelle jedoch darauf hingewiesen, dass Autos auch als Generatoren genutzt werden könnten! Die kinetische Energie, die beim Verbrennen des Kraftstoffes entsteht, ist eigentlich nur ein Nebenprodukt; das Hauptprodukt ist Wärme, die in Strom umgewandelt werden kann. So gesehen haben also viele Menschen ein eigenes Kraftwerk in der Garage stehen. Es könnte sich also durchaus lohnen, ein Auto nicht nur zur Fortbewegung zu nutzen – falls du also noch vor der Berufswahl stehst, schau dir doch einmal das Ingenieurswesen an, es gibt noch viel zu erforschen! Im kleinen Maßstab erzeugt die Lichtmaschine des Autos ebenso Strom. Wenn du nicht gleich dein Auto umbauen möchtest, ist ein einfacher Weg, die Autosteckdose als Stromquelle zu nutzen. Viele Geräte lassen sich über beispielsweise einen USB-Port an der Autosteckdose laden. Ebenso kann ein sogenannter Spannungswandler (oder auch Wechselrichter) eingesetzt werden. Dieser wandelt die ca. 12 Volt Spannung der Autosteckdose in ca. 230 Volt um. Über eine gewöhnliche Steckdose können dann Geräte mit bis zu 500 Watt Leistung betrieben werden. Voraussetzung hierbei ist natürlich, dass der Motor des Autos läuft und ausreichend Treibstoff vorhanden ist.

Immer mehr Privatpersonen legen sich Solaranlagen zu. Je nach Typ, Größe und Sonnenschein auf dem Dach reicht der Strom mal für Warmwasser, mal auch, um Strom in die Leitungen fließen zu lassen. Durch staatliche Subventionen können noch mehr Personen den finanziellen Aufwand bewältigen. Doch nicht alle Häuser eignen sich für eine Solaranlage: Wenn das Dach nur sehr wenig Sonne abbekommt, lohnt es sich nicht. Außerdem ist die Voraussetzung, ein eigenes Haus zu besitzen, was bei Weitem nicht jeder erfüllt. Sind große Photovoltaikanlagen auf dem Dach, sollte geschaut werden, dass der Strom auch unabhängig vom Stromnetz genutzt werden kann. Am besten sprichst du hierzu mit deinem Elektriker.

In letzter Zeit sind auch Plug and Play Photovoltaikanlagen (unter anderem auch „Balkonkraftwerk" genannt: https://klickehier.com/balkonsolar) immer beliebter geworden. Diese werden einfach in eine spezielle Steckdose gesteckt und speisen das lokale Hausnetz. Der Strom wird direkt verbraucht und nur ein eventueller Überschuss an Strom in das Stromnetz eingespeist. An dieser Stelle ist es wichtig zu erwähnen, dass die Vorgaben für diese Kleinst-Solaranlage nicht einheitlich sind. Es ist nicht eindeutig klar, ob und wie die Anlage beim Netzbetreiber angemeldet werden muss und ob beispielsweise der Anschluss der Anlage nur von einem Elektriker erfolgen darf. Dieses Thema würde ein eigenes Buch füllen, daher weise ich an dieser Stelle auf andere Stellen (Stichwort: „Guerilla Photovoltaik" oder „DSG Stecker-Solar-Geräte"). Vorteil dieser Solarkraftwerke ist, dass der Strom direkt genutzt werden kann. Ergänzt man diese vergleichsweise kleine Photovoltaikanlage um einen intelligenten Stromspeicher, kann nicht nur der selbst genutzte Strom dann verfügbar gemacht werden, wenn er auch gebraucht wird, sondern es ist im Falle eines Stromausfalls weiterhin Strom vorhanden. Es sollte darauf geachtet werden, dass der Speicher auf „Inselbetrieb" umschalten kann. Wenn kein Stromnetz vorhanden ist, wird dann trotzdem der Speicher durch die Photovoltaikanlage geladen und der gespeicherte Strom kann genutzt werden. Auf diese Weise können bei ausreichend Sonneneinstrahlung die wichtigsten Verbraucher autark weiter betrieben werden.

Wofür braucht ein gewöhnlicher Haushalt Strom? Für das Kochen und Heizen, das haben wir in diesem Kapitel schon besprochen; für elektrische Großgeräte wie Kühlschrank, Waschmaschine, Spülmaschine. Vielleicht hat noch ein Waschsalon geöffnet; wenn nicht, führt kein Weg daran vorbei: Spülen und Waschen geht auch per Hand. Der Outdoor-Bedarf hält aber auch hier ungeahnte Lösungen bereit: So gibt es etwa spezielle Waschbeutel, in die man die Wäsche zusammen mit Wasser und Waschpulver hineinfüllt und die durch Noppen an der Innenseite die Wäsche säubern, wenn man von außen reibt, sozusagen eine mobile Waschmaschine. Der Vorgang sollte laut Herstellerangaben nicht länger als fünf Minuten dauern. Der Kühlschrank (und gegebenenfalls die Gefriertruhe) stellt schon ein größeres Problem dar, weil viele Vorräte, die umsichtig angelegt wurden, gekühlt werden müssen, um länger haltbar zu sein. Als glücklicher Besitzer einer ausreichend großen Solaranlage mit entsprechend dimensioniertem Speicher kann man mit der Energie vom Dach den Kühlschrank speisen, wenn man jedoch keine besitzt, oder nicht genug Sonne abbekommt, muss man sich etwas anderes überlegen: Am besten so einkaufen, dass gar nicht allzu viel gekühlt werden muss. Im Winter kann man sich vielleicht damit behelfen, die Kühlgüter vor die Tür zu stellen, und im Sommer auch wieder Freunde, Bekannte und Verwandte um Hilfe bitten. Ansonsten bleibt einem nur übrig, die Waren möglichst rasch zu verbrauchen. Generell gilt, dass Kühlschrank und Gefriertruhe etwa 24 Stunden ohne Strom auskommen, ohne sich relevant aufzuwärmen. Ältere Geräte sind oft schlechter isoliert, als neuere. Je höher die Energieeffizienzklasse, desto länger können die Geräte die Kälte speichern.

Ein weiterer Punkt ist Licht: Abends und morgens sind unsere Wohnungen im Winter durch künstliches Licht hell erleuchtet. In einem geschlossenen Haus ist es nachts sonst sehr dunkel, anders als draußen auf einer freien Fläche: Wenn man sich einmal an die Dunkelheit gewöhnt hat und von keiner nahen Lichtquelle geblendet wird, ist es erstaunlich, wie viele Details man erkennen kann – zwar ohne Farbe, aber immerhin. Dieser Effekt wird durch Wolken am Himmel und eine reflektierende Oberfläche, etwa Schnee oder Wasser noch verstärkt, sodass man auch ganz gut ohne künstliche Lichtquelle zurechtkommen kann. Nur im Schatten von Gebäuden oder Bäumen oder auch im Wald wird es stockdunkel und wir sind froh um eine Lampe. Taschenlampen passen in jede Tasche und wiegen nicht viel, so dass sie immer dabei sein können. Noch praktischer sind nur Stirnlampen, die man sich an einem elastischen Band um den Kopf bindet, sodass die Hände frei sind und der Lichtschein gleichzeitig überall dort hinfällt, wo man den Kopf hinwendet.

Ungleich gemütlicher, aber auch risikoreicher als Taschenlampen sind Kerzen: Um einen Raum gleichmäßig zu erhellen, braucht es mindestens fünf Stück. Man sollte sie jedoch immer im Auge behalten und vor allem Kinder nicht unbeaufsichtigt bei brennenden Kerzen lassen. Zudem beginnen Kerzenflammen zu flackern, wenn man an ihnen vorbei geht oder Türen auf- und zumacht.

Es empfiehlt sich immer, mehrere Taschenlampen und ausreichend Batterien, am besten Akkus, vorrätig zu haben. Sinnvoll sind auch Taschenlampen zum Kurbeln, so kann man sein Licht einfach selbst erzeugen.

Eine andere Variante sind Gaslampen. Es gibt für viele Gaskocher Lampenaufsätze oder du besorgst dir direkt eine Öllampe (siehe Abbildung). Diese sind sehr hell und haben eine lange Brenndauer. Für diese sollte auch in ausreichender Menge Brennstoff vorhanden sein. Oft gibt es diese als Schnäppchen auf Flohmärkten.

Ich habe stets eine Kombination aller Möglichkeiten verfügbar.

IV.   MOBILE STROMVERSORGUNG

Der Klassiker für mobile Versorgung elektronischer Geräte aller Art sind Batterien oder auch Akkus. Akkus haben zwar den Vorteil, dass sie immer wieder verwendet werden können und damit sehr billig und ressourcenschonend sind, aber auch den Nachteil, dass sie eben immer wieder aufgeladen werden müssen, wofür Strom benötigt wird. Es gibt auch solarbetriebene Aufladegeräte, doch diese sind deutlich weniger leistungsfähig als ihre Nachbarmodelle, die direkt an das Stromnetz angeschlossen werden können. Batterien dagegen kaufst du vollständig aufgeladen und wenn eine leer ist, setzt man eine neue ein. Das ist aber nicht gerade günstig und produziert eine Menge Müll. Ich empfehle sowohl einige Batterien als auch Akkus bereitzulegen. Sie sind klein und können in großen Mengen gelagert werden, ohne viel Platz wegzunehmen; hierbei ist nur darauf zu achten, dass Batterien sich mit der Zeit langsam von allein entladen: Du solltest daher immer im Blick behalten, wann du welche Batterien gekauft hast, damit du sie rechtzeitig aufbrauchen bzw. ersetzen kannst. Hitze und direkte Sonneneinstrahlung mögen sie auch nicht: Achte also darauf, sie an einem geeigneten Ort zu lagern.

Elektronische Unterhaltungsmedien fallen bei Stromausfall weg: Du solltest deine Reserven für das wirklich Notwendige aufheben. Das Handy ist wichtig, um mit anderen Personen in Kontakt zu bleiben und sich über Neuigkeiten zu informieren; auf digitale Spiele solltest du während des Stromausfalls allerdings verzichten. Wenn du dein Smartphone nicht brauchst, gehe vorübergehend in den Flugmodus. Dies schont den Akku. Eine Zeit lang kannst du dein Handy über eine Powerbank laden, aber irgendwann ist auch diese leer. Außerdem solltest du dich nicht zu sehr darauf verlassen, auf das Internet Zugriff zu haben, da bei einem überregionalen Stromausfall wahrscheinlich auch dieses lahm liegt. Fernseher und Computer fallen ebenso weg. Auch Radios werden über das Stromnetz betrieben; allerdings stellen diese die letzte Möglichkeit dar, Neuigkeiten zu erfahren. Es lohnt sich deshalb die Anschaffung eines Kurbelradios: Kurbelradios sind mit einem Dynamo ausgestattet, den du über eine Kurbel antreibst, so dass du mobil und ohne Strom Radiosender empfangen kannst. Einen Stromausfall kannst du auch positiv betrachten, wenn du endlich mal wieder die Gelegenheit dazu hast, ein Buch zu lesen, aktiv Musik zu machen oder dich mit deinen Kindern beschäftigst.

V.   AUSRÜSTUNG

Neben den bereits genannten lebenswichtigen Aspekten der präventiven Vorsorge, ist es ebenso wichtig, sich auf verschiedene Situationen vorzubereiten. Es gilt also für einen Notfall gerüstet zu sein. Du solltest neben einer Notfallkiste mit Nahrung eine zusätzliche Kiste erstellen, in der die verschiedensten Ausrüstungsgegenstände zu finden sind.

Neben grundlegenden Hygieneartikel (Zahnbürste, Zahnpaste, Seife, etc.), einem Erste-Hilfe-Set und einigem Werkzeug, solltest du auch deine präventiven Utensilien aus den vorherigen Abschnitten in dieser Kiste lagern. Das heißt beispielsweise, dass dein Campingkocher mit Lampe und Heizer, dein Wasserfilter, dein kleines Solarpanel usw. in dieser Kiste sind. Musst du dein zu Hause mit dem Auto verlassen, kannst du die Kiste einfach mitnehmen und hast alles Notwendige dabei.

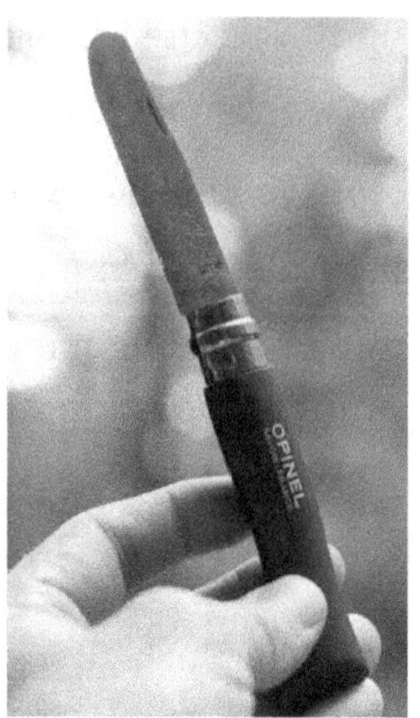

Grundlegend gilt, dass alles, was beim Campen nützlich ist, dir auch im Notfall als Ausrüstung zur Verfügung steht. Habe also immer ein Taschenmesser (ein gutes und günstiges Opinel, siehe Abbildung, geht immer) und ein Multitool verfügbar. Dies kannst du mit einer Klappsäge und weiterem Werkzeug ergänzen.

Eine ausführliche Liste mit Gegenständen für deine Ausrüstungskiste findest du im 12. Kapitel „Checkliste" sowie noch einmal im Begleitbuch Band II (https://klickehier.com/band2) zum Abhaken.

6.   Gesundheit und Hygiene

Wenn wirklich ein Notfall eintreten sollte und du in eine bisher unbekannte Situation schlitterst, hilft es gegen die Verunsicherung, Alltags-Rituale beizubehalten oder vielleicht sogar neue zu entwickeln. Zu diesen Ritualen gehören unscheinbare Dinge wie Duschen, Zähneputzen, regelmäßige Mahlzeiten, wenn möglich, genügend und regelmäßiges Schlafen und vielleicht die regelmäßige Medikamenteneinnahme. Für die Medikamente musst du rechtzeitig in die Apotheke gehen; bei der Gelegenheit kannst du gleich noch deinen Erste-Hilfe-Kasten überprüfen sowie dein Praxiswissen. Wann war dein letzter Erste-Hilfe-Kurs? Es schadet nie, einen zu belegen, auch wenn gerade kein Notfall droht! Nach statistischen Angaben passieren die meisten Unfälle in den eigenen vier Wänden und nicht etwa im Auto, wie man glauben könnte, wenn man den Kurs für einen Führerschein belegt. Du solltest dir daher angewöhnen, in regelmäßigen Abständen einen Kurs zu besuchen, etwa alle ein bis zwei Jahre. Wenn du Freunde oder Familie gleich mit dazu überredest, macht es auch gleich viel mehr Spaß. Im Notfall weißt du dann, was zu tun ist. Unter Umständen bietet dir auch dein Arbeitgeber an, einen Kurs zu besuchen.

Du solltest auch immer eine gewisse Menge an Medikamenten und Pflastern zu Hause haben, da du es immer plötzlich brauchen kannst und dann keine Zeit mehr hast, um einkaufen zu gehen! Stell dir vor, es ist Sonntagmittag und du bekommst plötzlich heftige Zahnschmerzen? Oder du schürfst dich auf und bekommst Schmutz in die Wunde? Da können Schmerz- und Desinfektionsmittel nicht schaden. In Ausnahmesituationen bekommt eine gut ausgestattete Hausapotheke noch einmal einen höheren Stellenwert, wenn die Krankenhäuser womöglich überfüllt und die Apotheken ausverkauft sind und du dich um einen Verletzten kümmern musst. Neben möglichen speziellen Medikamenten solltest du einen Vorrat an verschiedenen Pflasterarten, Bandagen, Desinfektions-, Schmerzmittel, Fieberthermometer usw. anlegen. Praktisch können auch Pinzetten und kleine Nagelscheren sein ... aber die brauchst du ja sowieso. Du kannst dir auch in der Apotheke ein Erste-Hilfe-Set zusammenstellen lassen oder ein fertiges kaufen, die gibt es im Outdoor-Geschäft oder im bekannten Onlinehandel (https://klickehier.com/firstaid). Unabhängig davon sollte man persönliche Medikamente, die man täglich benötigt, beispielsweise Insulin für Diabetiker, immer in einer größeren Reserve vorrätig haben. Es ist auch sinnvoll, ein Breitbandantibiotikum verfügbar zu haben. Ärzte verschreiben dieses häufig für eine längere Fernreise in ein weniger entwickeltes Land. Wichtig zu wissen ist aber, dass ein Antibiotikum nur bei einer bakteriellen Infektion hilfreich ist. Zusätzlich solltest du regelmäßig deinen Impfstatus auffrischen.

Bei verschiedenen Szenarien sieht die optimale Hygiene-Vorsorge unterschiedlich aus: Es ist vor allem abhängig davon, ob du (fließend warmes) Wasser zur Verfügung hast. Wenn ja, kannst du ganz normal duschen und musst nur darauf achten, genug Duschgel und Shampoo zur Verfügung zu haben – gegebenenfalls auch die Körperlotion nicht vergessen! Wenn das Wasser nur kalt aus der Leitung kommt, musst du einfach die Zähne zusammenbeißen, es ist ja nicht für lang und stärkt außerdem das Immunsystem. Es könnte auch passieren, dass du zwar keine Dusche, aber fließendes Wasser aus der Leitung hast. Dann funktioniert ein paar Tage lang auch Katzenwäsche mit Waschlappen. Wem das zu spartanisch ist, kann sich eine „Taschen-Dusche" besorgen oder auch selber basteln: Hierbei handelt sich um einen wasserdichten Beutel (etwa zehn Liter, bei erhöhtem Bedarf kann man sich auch einen größeren anfertigen), der mit Wasser gefüllt wird, welches wiederum erwärmt wird, indem man den Sack in die Sonne legt oder hängt. Im unteren Ende steckt ein dünnes Röhrchen, an dem ein kleiner Duschkopf befestigt ist. Zum Duschen hängt man den Sack schließlich an eine Stange oder einen Ast (egal wo, Hauptsache über Kopfhöhe), damit die Schwerkraft zu eigenen Gunsten arbeitet und das Wasser, durch das dünne Röhrchen gebremst, in einem Strahl hinausfließt. Zur Not kann man auch eine Plastiktüte verwenden und das Loch, in dem das Röhrchen hineingesteckt wurde, mit Klebeband gut abdichten. Aber pass auf: Duschgele enthalten oft Inhaltsstoffe, die nicht in das Grundwasser gelangen sollten. Wenn du dich außer Haus befindest, solltest du deshalb pflanzliche, biologisch abbaubare Produkte verwenden oder zur Kernseife greifen: Die ist zwar auf den ersten Blick nur etwas für Hartgesottene, weil sie nicht mit Farb- und Duftstoffen versetzt ist wie andere Hygieneprodukte. Dafür ist sie aber biologisch abbaubar und kann keinen Schaden anrichten, wenn sie in die Erde abfließt. Außerdem spart sie Müll und nimmt nicht viel Platz weg, da sie ja im festen Zustand gelagert wird und erst durch den Kontakt mit Wasser und unter mechanischem Einfluss zu flüssigem Duschgelersatz wird. Der Reinigungsleistung tut das aber keinen Abbruch.

Rasierer kann man vorsichtig auch ohne Rasierschaum benutzen. Das spart Wasser, da man nicht noch den Schaum abwaschen muss. Zur Not steht den männlichen Lesern bestimmt auch ein Vollbart. Auch zum Zähneputzen: Ein Schluck Wasser genügt zum Ausspülen und ein weiterer, um die Zahnbürste zu reinigen; man kann auch für einige Tage auf Zahnpasta verzichten: Für die mechanische Reinigung der Zähne stellt dies keinen Unterschied dar. Lieber ein bisschen zu lang putzen als zu kurz.

Eltern von kleinen Kindern dürfen, falls nötig, Windeln nicht vergessen, die lassen sich zum Glück gut lagern. Problematisch könnte nach gegebenenfalls mehreren Tagen ohne

Müllabfuhr nur die Entsorgung werden, aber hier kann man die Zeit überbrücken, indem man alles in einen Müllbeutel gibt, diesen fest, beispielsweise mit Klebeband, verschließt und möglichst weit weg platziert. Es kann auch auf Stoffwindeln zurückgegriffen werden. Diese werden ausgewaschen und schonen somit Ressourcen.

Damen müssen sich noch um einen weiteren Aspekt kümmern: Produkte für die Regelhygiene gibt es zahlreiche, es muss also nur auf den richtigen Vorrat bzw. Möglichkeiten der Entsorgung geachtet werden. Klassiker sind Binden, Tampons und die Menstruationstasse; jedoch sollte man im Notfall etwas Passendes schon parat haben und nicht erst anfangen, sich damit zu beschäftigen, wenn es bereits zu spät ist. Deshalb lieber schon im Vorfeld darüber Gedanken machen! Die Menstruationstasse bringt natürlich gegenüber Binden und Tampons den Vorteil mit, dass sie wiederverwendet werden kann und somit weder große Lagerkapazitäten benötigt noch große Mengen an Müll produziert.

Neben den verschiedenen Möglichkeiten zur Körperhygiene solltest du dir noch überlegen, welche Putzmittel du benötigst. Einige Wochen lang kann man Wischmopp und Besen auch beiseitelassen, aber wenn der Notstand länger dauert, ist es ein schönes Gefühl, eine saubere Wohnung zu haben. Du kannst natürlich alles benutzen, was du zu Hause hast, aber achte darauf, dass es vielleicht keinen Strom oder kein Wasser geben könnte: Also fällt der Staubsauger schon einmal weg. Besen funktionieren, entfernen aber nur den gröbsten Schmutz; Wischen ist ziemlich wasserintensiv. Ein Kompromiss könnten feuchte Putztücher für stark verschmutzte Oberflächen und ein feiner Besen für den Boden sein, aber auch hier kannst du einfach mal herumprobieren.

Grundsätzlich gilt, dass auch in der Krise Hygiene wichtig ist. Mangelnde Körperpflege kann Krankheiten und soziale Probleme zur Folge haben. Außerdem ist es wichtig, in einer psychisch stark belastenden Situation Routine beizubehalten. Oftmals ist es sogar so, dass bestimmte Situationen schlichtweg ausgesessen werden müssen. In diesem Fall bist du froh, wenn du dich mit verschiedenen Tätigkeiten ablenken kannst.

7.   Währung und Tauschmittel

Grundsätzlich ist es ratsam, etwas Bargeld zu Hause verfügbar zu haben. Schneller als die Krise der Banken ist die Panik der Menschen. Lange bevor es tatsächlich kein Geld mehr bei den Banken gibt, bilden sich lange Schlangen vor den Geldautomaten. Bevor man Gefahr läuft, sich in diese Schlangen einzureihen, kann man sich entspannt zurück lehnen, wenn man einige hundert oder sogar tausend Euro zu Hause versteckt hat. Ich selbst habe immer 500 Euro Notreserve in meinem Portemonnaie in einem Extrafach. Mit dieser Summe komme ich in der Not eine Weile hin und kann notfalls auch mal einen Flug buchen. Zudem habe ich das Geld immer bei mir. Ich nutze es aber nur als eiserne Notreserve und rühre es im Alltag nicht an. Ich kann aber verstehen, wenn dir das zu riskant ist. Zusätzlich habe ich zu Hause an verschiedenen Orten etwas Geld versteckt, auf das ich zurückgreifen kann. Die Summe solltest du auf deine individuellen Bedürfnisse anpassen.

Unsere gewöhnlichen Papiergeldscheine besitzen keinerlei Gegenwert, so dass ihr Wert vom Staat garantiert werden muss. Sollte es zu einem Wertverlust kommen, setzt das entweder eine massive Inflation oder die Auflösung der staatlichen Strukturen voraus. Prepper gehen davon aus, dass beides wahrscheinlich ist und es nur eine Frage der Zeit ist, bis eines davon eintritt. Der nachfolgende, bewusst kurz gehaltene, Abschnitt geht daher über die normale präventive Vorsorge hinaus, da man ein beklemmendes Gefühl bekommen kann, wenn man sich solche extremen Szenarien vorstellt. Da es aber nicht Ziel dieses Buches ist, Angst zu verbreiten, sondern vielmehr ein Gefühl von Sicherheit, sollten wir uns einmal ganz nüchtern ansehen, welche alternativen Tauschmittel du benutzen kannst, manche davon hast du sowieso schon zu Hause.

I.   SCHMUCK

Schmuck wird in einer Krise gerne als erstes getauscht, da er wertvoll, aber nur ein Luxusprodukt ist und leicht darauf verzichtet werden kann. Als direktes Tauschmittel eignet er sich allerdings weniger, da die Waren, die man im Gegenzug bekommt, seinen Wert unterbieten. Schmuck dient daher eher als Sicherheit, den man in der größten Not zum Pfandleiher trägt.

II.   ANDERE WÄHRUNGEN

Bargeld hat wohl jeder in mehr oder weniger großer Menge zu Hause; das nützt im Falle einer großen Inflation oder nach dem Wegfall der Wertgarantie allerdings wenig. Besser sieht es aus, wenn man in andere Währungen investiert, da man berechtigt hoffen darf, dass eine solche Krise nur das eigene Land betrifft, anstatt weltumfassend zu sein. Bei der Auswahl der richtigen Währung sollte man nichts überstürzen und gegebenenfalls einen Finanzberater zurate ziehen. Grundsätzlich wirst du mit US-Dollar oder Euro in der ganzen Welt am wahrscheinlichsten zurechtkommen.

III.   ZIGARETTEN

Zigaretten haben, anders als Schmuck, den Vorteil, dass sie einzeln portioniert werden können. Ihren makabren Wert bekommen sie dadurch, dass Rauchen schnell süchtig macht: Eigentlich gehören sie weniger zur Grundversorgung als vielmehr zu den Luxusgütern, aber wer jahrelang Zigaretten geraucht hat, kann nicht einfach aufhören, auch wenn keine Rauchwaren im Laden mehr verfügbar sind. Daher ist man mit Zigaretten der stärkere Handelspartner, auch wenn es moralisch fragwürdig ist, vom Leid anderer zu profitieren.

Solltest du selbst rauchen, solltest du am besten damit aufhören. Im Zweifel musst du dir aber auch einen Vorrat an Zigaretten oder Tabak für den Eigenbedarf anlegen.

IV.   ALKOHOL

Ähnlich sieht es mit Alkohol aus: Auch Alkoholabhängige werden alles versuchen, um an ihre Genussmittel zu kommen. In Notzeiten könnte es Ertrag bringen, eine Schwarzbrennerei zu eröffnen (nicht allzu ernst nehmen). Wie die Zigaretten ist auch Alkohol einzeln portionierbar, was den Tausch einfach macht. Ein paar Flaschen Whiskey im Keller können also von Vorteil sein – in vielerlei Hinsicht.

V. GOLD UND SILBER

Die Klassiker der Geldvorsorge sind Gold und Silber. Beides sind knappe Güter und beide besitzen daher einen stabilen Wert. Gold ist noch wertvoller als Silber, beides wird in portionierbaren Tafeln angeboten. Diese eignen sich zum Tauschen besser als dicke Goldbarren.

Generell gilt: In Notzeiten ist meist nur das wertvoll, was praktisch ist (Gold und Silber einmal ausgenommen). Du kannst natürlich selber überlegen, in was du investieren möchtest, aber überlege dir gut, ob es dir in Krisenzeiten auch abgenommen wird. Beispielsweise sind Kunstwerke oft sehr teuer, ihr Wert steigt im Laufe der Jahre weiter an, aber sie haben keinen praktischen Nutzen, so dass es dir passieren könnte, darauf sitzen zu bleiben. Anders würde es aussehen, wenn du in deinem Garten Kartoffeln ziehst.

Ich empfehle, immer mehrere Optionen verfügbar zu haben. Auf diese Weise bist du flexibel aufgestellt. Bedenke dabei auch welche Tauschmittel gut zu transportieren sind. Et-

was Bargeld oder Zigaretten kann man leicht mit sich tragen,
mit 10 Flaschen Whiskey wird es da schon komplizierter.

8. Persönliche Dokumente

I. WICHTIGE UNTERLAGEN

Für gewöhnlich werden wichtige persönliche Dokumente zu Hause aufbewahrt, da man sie dort für den täglichen Gebrauch griffbereit hat. Das ist sinnvoll, aber es kann auch passieren, dass man das Haus so schnell wie möglich verlassen muss: Ein Feuer könnte entfachen, oder eine alte Fliegerbombe könnte gefunden werden, die entschärft werden muss, womit alle Anwohner evakuiert werden müssen. Neben dem Fluchtrucksack (dazu später mehr) solltest du deine wichtigen Dokumente bereithalten, dies hat auch den praktischen Nutzen, dass du auch außerhalb des Ernstfalles nicht lange suchen musst, wenn du etwas nachsehen willst.

Wichtige Dokumente ist ein relativer Begriff und eher individuell. Eine vollständige Liste wäre sehr lang. Du kannst dir selbst überlegen, was du alles benötigst: Personalausweis, Krankenversicherungskarte, Bankkarte und gegebenenfalls Führerschein sind naheliegend. Denke aber auch an Verträge wie Miet- und Arbeitsvertrag und Besitzurkunden wie Fahrzeugbrief, Sparbücher oder die Grundbesitzurkunde. Ebenso solltest du Geburtsurkunden, Patientenverfügungen und Testamente mitnehmen, sofern du diese nicht sowieso beim Notar hinterlegt hast.

Praktischerweise wiegen die Dokumente nicht viel. Sie nehmen auch kaum Packmaß weg, aber du solltest darauf achten, sie knitterfrei einzupacken, also vielleicht in einer Mappe. Du solltest eine Notfallmappe mit Kopien aller für dich wichtigen Dokumente anlegen und diese immer aktuell halten. Um sicherzugehen, sag deiner Familie, Freunden oder Nachbarn Bescheid, wo du deine Mappe lagerst, damit sie sie für dich holen können, falls du verhindert sein solltest. Du kannst auch auf Nummer sicher gehen und eine Kopie aller Dokumente in einem befreundeten Haushalt oder einem Banktresor lassen.

Sinnvoll sind ebenfalls technische Lösungen. Du könntest alle wichtigen Unterlagen einscannen und auf einen USB-Stick oder einem sicheren Server speichern. Den USB-Stick kannst du einschweißen (siehe Foto), an einem sicheren Ort außerhalb von deinem zu Hause verstecken oder in deinen Fluchtrucksack packen. Am einfachsten ist es, dir diese als gepacktes Archiv mit Passwort versehen selbst als E-Mail zu schicken. So hast du zur Not eine digitale Version online verfügbar. Hier gibt es zahlreiche Möglichkeiten. Finde heraus,

welche Lösung für dich am besten funktioniert und mit welcher Lösung du dich wohlfühlst. Es sollte immer sichergestellt sein, dass diese sensiblen Unterlagen möglichst sicher vor unbefugtem Zugriff sind.

Diese Mappe dient gleichzeitig als sog. „Todesordner". Leider muss über dieses Thema auch kurz gesprochen werden. Für den schlimmsten aller Fälle, solltest du deine Angehörigen informieren, wo deine Notfallmappe hinterlegt ist. Dies macht es für sie einfacher, die Dinge im Trauerfall zu regeln. Denke dabei auch an mögliche Passwörter, beispielsweise für deine E-Mailprovider, die deine Hinterbliebenen ggf. benötigen, wenn du dich nicht mehr selbst kümmern kannst. In einigen Fällen macht es Sinn, für sensible Daten wie Passwörter eine weitere Mappe zu erstellen.

Falls es aber sehr schnell gehen muss und du deine Dokumente nicht mitnehmen konntest, sei getröstet: Mit etwas bürokratischem Aufwand kannst du alles wieder ersetzen. Die Bürgerämter haben eigene Vorgehensweisen bei Personalausweisverlust, dein Mieter oder dein Arbeitgeber stellen dir bestimmt gerne einen neuen Vertrag aus, wenn du deine Situation schilderst. Wichtig ist nur, dass du freundlich und offen mit allen beteiligten Personen sprichst, dann wird dir sicherlich geholfen.

II. PERSÖNLICHER NOTFALLPASS

Du solltest dir für jede Person in deinem Haushalt einen persönlichen Notfallpass erstellen oder erstellen lassen. Im optimalen Fall auch von deinen näheren Angehörigen. Dieser Pass sollte alle wichtigen Informationen über eine Person enthalten. Diese reichen von Kontaktmöglichkeiten, über Allergien, notwendigen Medikamenten bis hin zu Haustieren, die im Notfall versorgt werden müssen, falls jemand unverhofft ins Krankenhaus muss. Ergänzend können dort Notfall-Treffpunkte festgehalten werden, falls ein Treffen zu Hause nicht möglich ist und die Kommunikationswege nicht funktionieren.

Jeder sollte seinen Pass, wenn möglich, selbst ausfüllen und man sollte sie gegenseitig austauschen. Diese gehören natürlich auch in deine Notfallmappe und im besten Fall hast du digitale Kopien. Beachte aber, dass die Informationen auf den Pässen sehr persönlich sind. Du solltest sorgsam und verantwortungsvoll damit umgehen. Es gelten die gleichen Sicherheitsregeln, wie für deine wichtigen Dokumente.

Bei der Erstellung eines Notfallpasses sind der Kreativität keine Grenzen gesetzt. Passe sie am besten auf deine individuelle Situation an.

Alternativ kannst du die Vorlage aus Band II dieses Buches nutzen (https://klickehier.com/band2). Auf dieser sind

Felder für die wichtigsten Informationen bereits vorgedruckt und es ist genug Platz für persönliche Ergänzungen.

Ich empfehle, jeden Pass nach dem sorgfältigen Ausfüllen zu laminieren oder zumindest in eine Folie zu stecken.

9. Kommunikation

In einem ungefährlichen Vorsorgefall ist die Kommunikation sicherlich kein Problem: Etwa wenn du wegen einer Evakuierung das Haus verlassen oder wegen Quarantäne zu Hause bleiben musst. In solchen Fällen nimmst du einfach dein Handy mit und Internet, Radio und Zeitungen erzählen dir, was passiert ist. Anders sieht es in solchen Situationen aus, die schon besprochen wurden, etwa bei einem längeren Stromausfall. Grundsätzlich ist es nicht ausgeschlossenen, dass ein oder gleich mehrere Kommunikationsmöglichkeiten ausfallen. Anders als früher benötigen heute fast alle Telefone Strom. Zudem laufen die Datenströme der Telefone immer häufiger über das Internet. Sofern du keine unabhängige Stromversorgung hast, wird das Internet zumindest bei dir zu Hause ausfallen. Für einige wäre der alleinige Ausfall des Internets schon eine kleine Krise.

Welche Möglichkeiten zur Kommunikation gibt es nun – sei es, um anderen Personen etwas mitzuteilen oder selbst Informationen zu empfangen? Es ist wahrscheinlich, dass die Internetverbindung deines Mobiltelefons bei einem Stromausfall zunächst weiterläuft. Sorge also dafür, dass du für dein Handy zusätzliche Powerbanks verfügbar hast, um dein Handy weiter mit Strom zu versorgen.

Das Kurbelradio wurde weiter oben im Abschnitt „Strom"
schon besprochen. Voraussetzung hierfür ist natürlich, dass
überhaupt noch ein Radioprogramm gesendet wird.

Zur Warnung und Alarmierung der Bevölkerung werden
schon seit vielen Jahrzehnten Sirenen eingesetzt: Jedes Signal
hat eine bestimmte Bedeutung, welches bei der Bevölkerung
bekannt sein sollte. Sirenen sind durch ihre Lautstärke weit-
hin hörbar und sichern auf diese Weise ab, dass jeder den
Alarm mitbekommt. Außerdem erfüllen sie die sog. „Weck-
funktion": Die Sirenen können von allen gehört werden, egal
ob sie draußen sind, drinnen den Fernseher laufen haben o-
der schlafen. Das ist besser, als wenn Warnungen und Alarme
nur über Radio oder Fernsehen weitergegeben werden, da die
Warnungen nur dann ankommen, wenn die Empfangsgeräte
eingeschaltet sind. Während des Kalten Krieges waren die
Sirenensignale in Deutschland bundesweit einheitlich, seit
dessen Ende obliegt es den Bundesländern und den Kommu-
nen, ob und in welchem Umfang Sirenen eingesetzt werden.
Beispielsweise sind in Bayern alle Ortschaften in einem Um-
kreis von 25 Kilometern um Kernkraftwerke herum mit Sirenen ausgestattet, um die Bevölkerung im Falle eines Reaktor-
unfalls schnellstmöglich warnen zu können. Die wenigsten
Großstädte verfügen heute noch über ein vollständiges Sire-
nennetz, aber Hamburg etwa hat einen eigenen Hochwas-
seralarm. In Österreich wird die Feuerwehr meist über Sire-

nen alarmiert und jeden Samstag um die Mittagszeit wird die Funktionsfähigkeit der Sirenen getestet. In Deutschland hat die Feuerwehr meist eine Mischung aus Funkmeldeempfängern und Sirenen, aber in den Großstädten geht der Schwerpunkt eher zu den Funkmeldeempfängern. Es gibt jedoch bundesweit fünf Sirenensignale mit genormter Bedeutung: Die Warnung vor einer herannahenden Gefahr wird mit einem dreiminütigen Dauerton gegeben, der Alarm selbst ist ein einminütiger, auf- und absteigender Ton. In beiden Fällen sollte man sich in ein schützendes Gebäude begeben, Radio und Fernseher einschalten und auf weitere Informationen warten. Ein einminütiger gleichbleibender Dauerton gilt als Entwarnung. Ein einziger 15-sekündiger Ton ist ein Probealarm, drei 15-sekündige Töne hintereinander gilt als Alarm für die Feuerwehr; beide Signale haben für die Bevölkerung keine Bedeutung.

Die Sirenen sind deshalb so kompliziert, da ihre Bedeutung in Deutschland mehr und mehr schwindet und viele Personen heute nicht mehr wissen, was sie bedeuten. Es kann aber hilfreich sein, wenn du dir alle Signale im Internet einmal anhörst, damit du sie für den Fall des Falles im Kopf hast!

Wenn du mit Familienmitgliedern und Freunden in Kontakt bleiben willst, eignen sich bei einem längeren Stromausfall statt Handys eher Funkgeräte, da diese über Batterien betrieben werden und kein Mobilfunknetz benötigen. Wenn ihr euch für den Kauf von Funkgeräten entscheidet, solltet ihr euch gleich von Beginn an mit der Funktion vertraut machen, damit dann im Ernstfall alles reibungslos abläuft.

Eine weitere Kommunikationsmöglichkeit stellen Morsecodes dar: Diese könnten sowohl optisch als auch akustisch gesendet werden. Allerdings sind sie sehr variabel und kompliziert zu erlernen, was eine lange Vorlaufzeit und sehr gute Vorbereitung erfordert.

Aber wir müssen ja nicht immer vom Schlimmsten ausgehen: Es kann auch sein, dass du dieses Buch zurate ziehst, wenn du etwa für eine zweiwöchige Quarantäne vorsorgen willst und alle modernen Kommunikationsmittel weiterhin funktionieren. Wenn du von deiner Familie und deinen Freunden getrennt bist und endlich mal wieder von ihnen etwas hören willst, kannst du mit ihnen chatten, telefonieren, eine Videobotschaft schicken ... oder warum nicht einmal wieder einen Brief schreiben? Gerade in außergewöhnlichen Zeiten kann es sehr beruhigend sein, mal wieder ein paar Seiten handschriftlich zu verfassen. Dann ist der Text doch gleich viel persönlicher, als er auf dem Computer getippt wird. Du müsstest dir nur überlegen, wie der Brief zur Post kommt, wenn du das Haus nicht verlassen kannst.

10. Persönlicher Schutz

In diesem Kapitel stellen wir uns ein Szenario vor, in dem die Ausnahmesituation so lange andauert, dass Menschen zur Gewalt greifen, um für sich einen Vorteil zu erzielen. Überspringe es also ruhig, wenn du dir das nicht ausmalen willst und lieber Hoffnung in ein friedliches Miteinander setzt. Wir gehen also auch hier von einem hypothetischen Fall aus und hoffen, dass dieses Szenario nie eintritt. Dabei sollten wir aber daran denken, dass wir unsere Gesellschaft immer aktiv mitgestalten können – sowohl im Alltag als auch in Krisensituationen! Es erfordert viel Mut, sich Gewalt und Ungerechtigkeit entgegenzustellen. Du denkst dir vielleicht auch „warum soll ausgerechnet ich das machen?" Vielleicht bist du ja gar nicht allein. Viele Menschen wollen Gewalt nicht tolerieren, sondern warten nur, bis jemand anfängt, sich friedlich dagegen zu wehren. Und selbst wenn du allein sein solltest – meinst du nicht, dass es sich lohnt, das Risiko einzugehen, weil du verlierst, wenn deine Gesellschaft verliert, und du gewinnst, wenn alle gewinnen?

Was brauchst du also, wenn wir vom Schlimmsten ausgehen, du nicht auf die Hilfe der Polizei setzen kannst und dich, deine Vorräte und gegebenenfalls weitere Personen schützen willst?

I.   HÄUSLICHE SICHERHEIT

Neben dem unerwünschten Zutritt zu deinen Zuhause, ist zunächst der Brandschutz von wesentlicher Bedeutung.

Rauchmelder in jedem Raum sollten selbstverständlich sein. Ebenso solltest du auf jeder Etage einen Feuerlöscher griffbereit haben, ich empfehle mindestens 2 kg, besser 5 kg Feuerlöscher. Deine Notfallmappe solltest du in einer feuerfesten Brandschutzkassette lagern, damit diese auf keinen Fall zerstört werden. Dort kannst du auch weitere persönliche Dinge ergänzen, die für dich sehr wichtig sind. Kommst du mit einer kleinen Brandschutzkassette nicht aus, kann auch ein Tresor sinnvoll sein. Achte dabei unbedingt darauf, dass dieser auch eine Feuerschutzklasse hat. Bei einigen Tresoren ist dies nämlich nicht der Fall.

Für bauliche Veränderungen lohnt es sich, eine gewisse Grundausrüstung an Werkzeug zu haben: Hammer und Schraubenzieher in verschiedenen Größen sollten vorhanden sein, denn diese kann man zur Not auch zweckentfremden. Dazu gehören dann natürlich Nägel und Schrauben in passenden Größen. Auch eine Bohrmaschine, eine Säge und ein paar Bretter können nützlich sein! Stell dir vor, du darfst nicht aus dem Haus gehen und dein Regal bricht unter der Last der Vorräte zusammen: Dann kannst du dir mit diesen Materialien einfach ein neues bauen und das alte reparieren.

Zum einen solltest du auch unabhängig von Ausnahmesituationen versuchen, deine Wohnung bzw. dein Haus so einbruchsicher wie möglich zu halten. Du kannst zum Beispiel in Türen und Fenster investieren, die besonders schwer zu öffnen sind. Die Polizei empfiehlt Produkte ab Restistance Class (Widerstandsklasse 2). Das bedeutet, dass einfache mechanische Werkzeuge wie Stemmeisen oder Schraubenzieher keine Chance haben. Du kannst auch Überwachungskameras oder Bewegungsmelder installieren, denn manch ein Einbrecher schreckt vielleicht zurück, wenn er urplötzlich im hellen Flutlicht steht. In einem Mehrfamilienhaus geht dies nur in Absprache mit der (Ver-)Mietergemeinschaft, aber hier kann man sich bestimmt auf etwas einigen: Reden hilft! Aber auch eine Sperrkette, sowohl an der Haus- und vor allem an der Wohnungstür kann Wunder wirken. Auch solltest du dir einen Blick durch den Türspion angewöhnen, denn wenn die Tür einmal offen ist, hast du kaum noch Chancen, gewaltbereite Einbrecher abzuwehren. Eine ebenfalls sehr wirksame wie einfache Methode ist ein gutes Verhältnis zu den Nachbarn: Wenn ihr regelmäßig miteinander plaudert und euch vielleicht gegenseitig aushelft, bemerken es die Nachbarn viel schneller, falls bei dir etwas nicht stimmen sollte, bzw. sind eher bereit, dir zu helfen. Es gibt auch viele Smarthome-Systeme, die sich als einfache Alarmanlagen einsetzten lassen und ganz ohne aufwendiges Kabelziehen funktionieren. So können diese auch in einer Mietwohnung einfach angebracht werden. Ich empfehle gerne das System von Homematic IP (https://klickehier.com/homematic), da dieses auf einer eigenen Frequenz sendet und nicht auf das Internet angewiesen ist.

Es ist auch möglich, nur abschreckend zu wirken. So kannst du beispielsweise die Gehäuse von echten Alarmsirenen im Internet kaufen. Wenn du diese an deine Hauswand schraubst, erweckt es zumindest den Anschein, du hättest eine professionelle Alarmanlage.

Achte aber darauf, dass dein Zuhause nicht wie eine Festung wirkt. Das würde zu viel Aufmerksamkeit auf dich ziehen und vermuten lassen, dass es bei dir viel zu holen gibt. Dies führt uns zur Taktik vom „grauen Mann".

II. DER GRAUE MANN

Um deine Notfallvorräte zu schützen, ist es auch ratsam, möglichst wenigen davon zu erzählen. Wenn allgemein bekannt ist, dass du gut vorgesorgt hast, wäre dein Lager eine mögliche Anlaufstation für Plünderer. Dennoch sollte man in Krisensituationen zusammenhalten. Der Familie und den Freunden sollte man immer helfen, wenn man kann. Gemeinsam bewältigt man eine Krise immer besser, als wenn man auf sich allein gestellt ist. Du musst sorgfältig abwägen, wem du vertrauen kannst und wem gegenüber du lieber etwas Distanz an den Tag legst.

Die Graue-Mann-Theorie oder engl. „Gray Man Theory" soll lehren, wie du in der Masse untergehst. Es geht dabei nicht nur um den Mann, die Theorie bezieht sich natürlich auf alle Menschen. Als grauer Mensch ist es das Ziel, in der Masse anderer Menschen zu verschwinden.

Wenn alle wissen, dass du vorbereit bist und du mit Tarnuniform und Ausrüstungsrucksack durch die Straßen ziehst, fällst du wahrscheinlich mehr auf, als wenn du deine Ausrüstung in einem gewöhnlichen Rucksack hast und du un- auffällig, eben grau, gekleidet bist. Es soll eigentlich niemand wissen, dass du vorbereitet bist und das Wissen hast, wie du dich im Notfall zu verhalten hast. Generell kann es sich nega- tiv auswirken, in der Masse zu verschwinden und das unbe- merkte „graue Mäuschen" zu sein, in einer Notsituation aber kann es hilfreich sein, dass du nicht zur Zielscheibe für Men- schen wirst, die aus purer Panik oder aus Verzweiflung han- deln.

Klebe also keinen Prepper-Aufkleber auf dein Auto oder an den Briefkasten. Bereite dich vor, aber mach alles leise und unauffällig. Weihe nur deinen engsten Vertrauten ein, wie du vorgesorgt hast.

III. SELBSTVERTEIDIGUNG

Die Selbstverteidigung stellt die allerletzte Möglichkeit dar, dich selbst und deine Angehörigen zu schützen. Hier läufst du Gefahr, andere zu verletzten und auch du selbst riskierst verletzt zu werden.

Die PSA, „Persönliche Schutzausrüstung", fasst materielle und körperliche Ausrüstung zusammen: Dein Verteidigungswert ist vielleicht gleich hoch, egal ob du ein Küchenmesser in der Hand hast oder Karate beherrscht. Wie kannst du dich also vorbereiten, wenn du mit einem Angriff rechnest?

Am praktischsten sind Verteidigungstechniken, bei denen du keine Waffen brauchst, sondern nur deinen Körper. Also etwa Karate, Taekwondo oder auch Boxen. Allerdings braucht es für alle Kampfsportarten viel Zeit, Ausdauer und Motivation. Wenn du dich nur nebenbei damit beschäftigst, wirst du wohl nicht sehr weit kommen. Wenn du lieber kurzfristig Basics lernen willst, kannst du einen Selbstverteidigungskurs besuchen. Ob du dich mit Waffen rüsten willst – und diese im Ernstfall auch benutzt – musst du selbst für dich entscheiden. Davon unabhängig schadet es jedoch nicht, das Gerücht in die Welt zu streuen, du wärst schwer bewaffnet, da das andere Personen vielleicht von einer Auseinandersetzung mit dir abhält. Ein Küchenmesser ist wohl immer vorhanden, aber du kannst auch zu anderen Mitteln greifen, die dir schnell einen entscheidenden Vorteil verschaffen: Pfefferspray ist beispielsweise ein Klassiker. Am besten hast du mehrere im Haus und im Fluchtrucksack. Dabei solltest du allerdings darauf achten, dass diese vor Kindern geschützt untergebracht sind. Nachts solltest du immer eine Taschenlampe griffbereit haben, am besten direkt neben dem Bett: Wenn du sie deinem Gegner ins Gesicht richtest und dieser nichts mehr sieht, hast du ein paar Sekunden Vorsprung bekommen. Eine große Maglite (https://klickehier.com/maglite) eignet sich zudem auch als Schlaginstrument. Grundsätzlich möchte ich jedoch anmerken, dass du zunächst Waffen bevorzugen solltest, die deinen Angreifer nicht ernsthaft verletzen. Ich halte Pfefferspray in den meisten Fällen für das beste Mittel und habe es auch immer griffbereit im Schlafzimmer.

11. Flüchten

Die Flucht ist der letzte Ausweg. Du solltest dein zu Hause nur verlassen, wenn es keine andere Möglichkeit mehr gibt. Grundsätzlich sind deine Chancen zu Hause immer besser. Die Flucht klingt zunächst nach einem Weltuntergangsszenario, wird aber oft falsch eingeschätzt. Eine Flucht aus dem eigenen zu Hause ist nicht selten und nicht unrealistisch, kommt sogar häufiger vor als andere Szenarien.

Entweder zwingt dich eine höhere Macht, beispielsweise bei einer Evakuierung wegen einer Bombenentschärfung in deiner Nähe, oder du beschließt, selbst aufzubrechen. Die Gründe können sehr verschieden sein und reichen von einer mit Schimmelpilzen befallenen Wohnung bis hin zu einem Tsunami oder einer chemischen oder sogar nuklearen Katastrophe in deiner Nähe. Es können also schreckliche aber auch banale Dinge, wie zum Beispiel ein Befall durch Ungeziefer, die der Auslöser für eine Flucht sein.

Wenn alles nichts mehr hilft und du dir sicher bist, dass deine sich deine Situation an einem anderen Ort bessert, kannst du beschließen zu flüchten. Es gibt zwei verschiedene Szenarien: Entweder darfst du das Haus oder deine Stadt nicht verlassen, willst es aber trotzdem versuchen. Dann ist deine Flucht illegal und du musst alles daran setzen, nicht erwischt zu werden (dies kann ich dir in keinem Fall raten). Oder du darfst oder musst dein Haus verlassen und suchst dein Heil in der Flucht. Dann kannst du zwar auch tagsüber auf den Straßen laufen, musst aber damit rechnen, nicht allein, sondern umgeben von vielen weiteren Flüchtlingen zu sein. Es kann sein, dass du spontan beschließt wegzugehen, oder deine Flucht von langer Hand geplant hast. Was ist also zu tun?

Du solltest dir frühzeitig einen Notfallplan überlegen. Darin kannst du dir überlegen, wie du im Detail vorgehen willst, und alle Schritte rechtzeitig einleiten. Auf jeden Fall musst du rechtzeitig entscheiden, ob du allein fliehst oder jemanden mitnimmst (eventuell nicht nur andere Personen, sondern auch Haustiere) und dich darum kümmern, dass alle wichtigen Personen informiert sind. Falls ihr aus verschiedenen Häusern kommt, macht einen Treffpunkt und eine Uhrzeit aus. Lebst du mit mehreren zusammen, besprecht vorher mehrere Treffpunkte mit zunehmender Entfernung, falls ihr unterwegs seid und euch nicht zu Hause treffen könnt (siehe Notfallpass)!

I.   FLUCHT MIT DEM AUTO

Hast du ein Auto, ist zunächst das Wahrscheinlichste, dass du mit dem Auto flüchtest. Hier zahlt es sich aus, wenn du deine Notfallkisten aus dem Kapitel „Vorsorgen" und deine Notfallmappe mit deinen wichtigen Unterlagen schon gepackt hast. Ist es wirklich ernst, solltest du so schnell wie möglich abfahrbereit sein. Stelle dir beispielsweise eine atomare Katastrophe in deiner Nähe vor. Hier zählt jede Minute und bist du der Erste auf der Autobahn, hast du keinen Stau. Hier entsteht ein generelles Problem: Oftmals fliehen viele Menschen gleichzeitig in die gleiche Richtung. Verstopfte Straßen sind unvermeidbar. Versuche, in einem solchen Fall möglichst kleine Straßen zu nutzen, und bewege dich stets etwas quer zur allgemeinen Fluchtrichtung der Massen.

Wohin willst du flüchten? Auch darüber solltest du dir Gedanken machen. Hast du vielleicht Bekannte auf dem Land, die dich aufnehmen? Oder besitzt du selbst eine Zuflucht? Denke aber daran, dass auch dort die Infrastruktur defekt sein kann. Willst du dein Land so schnell wie möglich verlassen, mit der Hoffnung, dass es in anderen Staaten besser ist? Überlege dir das gut und sei realistisch, denn du bist oft nicht der einzige Flüchtling. Oder hast du kein Ziel, sondern willst nur noch weg? So kann es passieren, dass du in der freien Natur landest. Dann solltest du einen Pflanzenführer für die essbaren Pflanzen mitnehmen und wissen, wie du dich draußen ernähren kannst, wenn dein Proviant zu Neige geht. Oder vielleicht willst du ja nur bis zur nächsten Stadt, um dir Arbeit zu suchen?

Abhängig von deinem Ziel kannst du dich anders fortbewegen. Wenn du weit kommen willst, kannst du mit dem Auto fahren, dies hat auch den Vorteil, dass du viele schwächere

Personen mitnehmen und viel Gepäck transportieren kannst. Nachteilig ist, dass du irgendwann wieder tanken musst, ein Auto auffällig ist und gerne kaputt geht. Nimm deshalb mindestens ein Reserverad und genügend Werkzeug und auch gefüllte Treibstoffkanister mit!

Ich habe ca. 100 Liter Reservetreibstoff in 20 Liter Kanistern im Gartenhaus und in der Garage gelagert. Im Ernstfall kann dies meine Reichweite mit dem Auto signifikant erhöhen. Du musst aber darauf achten, dass du Benzin und Diesel nicht zu lange lagern solltest, empfohlen sind 6-12 Monate. Du solltest also deine Reserven regelmäßig in dein Auto füllen und die Kanister neu auffüllen, auch hier gilt die Regel „First in – First Out".

Ist eine Krise absehbar, kannst du sicherheitshalber dafür sorgen, dass dein Auto immer mindestens halbvoll ist. So wirst du auf keinen Fall von der Tankleuchte überrascht, wenn du spontan flüchten musst.

Sollte dein Auto einen Dieselmotor haben, der Ad Blue benötigt, solltest du dir auch eine kleine Reserve von Ad Blue einlagern.

Ein nützlicher Tipp ist, dass du dein Auto einmal zur Probe komplett mit Notfallkisten, Diesel und Fluchtrucksack packst. Auf diese Weise kannst du sicherstellen, dass auch wirklich alles hineinpasst.

II.   FLUCHT ZU FUSS

Achte immer darauf, sparsam und praktisch zu packen! So wenig wie möglich und so viel wie nötig ist hier das passende Motto. Lebensmittel sind nur ein kleiner Teil der Ausrüstung; genauso notwendig sind Kälteschutz, medizinische Ausrüstung und deine wichtigsten Dokumente (Notfallmappe).

Zu Fuß bist du natürlich viel unauffälliger. Andererseits ist es auch viel anstrengender, gerade wenn du sonst vielleicht noch nicht viel gelaufen bist. Beginne deshalb zu trainieren, bevor die Flucht beginnt! Außerdem musst du zu Fuß deinen Rucksack selbst tragen und kannst nicht allzu viel mitnehmen. Mehr als 10-15 Prozent des Körpergewichtes können langfristig Schäden verursachen, und auch wenn du nicht viel mitnehmen kannst, solltest du versuchen, so leicht wie möglich zu packen. Funktionskleidung kann deinen Marsch erleichtern, also schau dir einmal schnelltrocknende Kleidung und Zipphosen an: Dann kannst du besser bei warmem, sonnigem Wetter laufen. Achtung: Bei einem langen Fußmarsch ist nichts wichtiger als gutes Schuhwerk! Wenn du wegen Blasen und Druckstellen humpelst, kommst du nur viel langsamer voran. Kaufe dir deshalb mit Bedacht Schuhe, die auch für unebenes Gelände geeignet sind und die dir gut passen. Laufe sie nach dem Kauf einige Zeit lang ein, damit sie sich an deine Füße anpassen können.

Wenn du dann unterwegs bist, achte darauf, genug zu trinken! Mach auch genügend Pausen, aber halte trotzdem dein Tempo. 20 Kilometer am Tag sind zu Fuß ohne Handicap realistisch, bei guten Wegen auch 30. Orientiere dich sorgfältig, damit du dich nicht verläufst und setze dir selbst ein Ziel, wie weit du an einem Tag kommen willst. Versuche unbedingt, dieses Ziel zu erreichen. Wenn du es geschafft hast, kannst du dich ruhig auch ausruhen. In der Ruhe liegt schließlich die Kraft.

III.   FLUCHT MIT DEM FAHRRAD

Es gibt außer zu Fuß und mit dem Auto noch eine dritte Möglichkeit: Die Flucht mit dem Fahrrad. Mithilfe von Packtaschen kannst du wesentlich mehr Gepäck mitnehmen, gegebenenfalls auch eine andere Person auf den Sattel setzen, während du schiebst, ansonsten kommst du aber schneller voran, als wenn du läufst. Trotzdem bist du nach wie vor wendiger und unauffälliger als mit dem Auto, und ein leerer Tank kann dir auch nicht drohen. Eine kreative Möglichkeit ist, zunächst mit dem Auto zu starten und das Fahrrad mitzunehmen. Ist der Tank leer oder die Straße nicht mehr passierbar, kannst du dann auf das Fahrrad umsatteln.

Achte darauf, dass dein Fahrrad einsatzbereit ist und habe Flickzeug und etwas Werkzeug dabei.

IV.   FLUCHTRUCKSACK

In jedem Fall solltest du dir einen Fluchtrucksack zusammenstellen (siehe Abbildung), welchen du bei jeder Flucht dabei hast, egal ob zu Fuß oder mit dem Auto.

Dieser sollte neben deinen wichtigen Dokumenten einige grundlegende Ausrüstungsgegenstände enthalten. Eine exemplarische Packliste ist in Kapitel 12 „Checklisten" enthalten. Zusätzlich findest du diese wieder im Begleitbuch Band II (https://klickehier.com/band2) zum Abhaken. Der Fluchtrucksack sollte eine Notverpflegung enthalten, hier gibt es professionelle Langzeitnahrungen, die leicht, kompakt und sehr lange haltbar sind (Beispielsweise NRG-5 oder BP-WR).

Der Fluchtrucksack ist dein absolutes Minimum an Gepäck, wenn du zu Fuß unterwegs bist. Überlege dir gut, was du unbedingt brauchst. Bist du mit dem Auto unterwegs, kannst du zusätzlich deine Notfallkisten (Notvorrat und Ausrüstung), dein Trinkwasser und den Ersatztreibstoff mitnehmen. Hier zahlt es sich aus, wenn du alles transportabel gestaltet hast. Durch den modularen Aufbau deiner Ausrüstung und Vorräte, kannst du deine Flucht je nach Situation schnell und effektiv gestalten, hier zählt wahrscheinlich jede Minute.

12. Checklisten

Im Folgenden findest du Checklisten für deinen Vorrat zu Hause, für eine gepackte Wochenkiste und für deinen Fluchtrucksack. Die Listen sind jedoch nur Vorschläge, wenn du also selbst Ideen hast, dann zögere nicht, sie umzusetzen! Vielleicht schmecken dir ja Nudeln besser als Reis oder dir ist ein Schokoladenvorrat wichtiger als eine Beschäftigungsmöglichkeit: Du kannst deine Vorräte völlig frei nach eigenem Geschmack und Gutdünken zusammenstellen.

Manche Unternehmen haben sich auf Prepping-Bedarf spezialisiert und bieten schon gepackte Taschen und Kisten zum Kauf an. Das ist praktisch und geht schnell. Allerdings ist es immer teurer, andere für dich machen zu lassen, als wenn du selbst aktiv wirst. Außerdem kannst du nur sicher sein, dass du alles hast, was du brauchst und nichts Unnötiges dabei ist, wenn du selbst einkaufen gehst. Oft sind die Bedürfnisse sehr individuell und vorgepackte Taschen haben den Nachteil, dass du dich erst mit dem Inhalt und der Ausrüstung vertraut machen musst. Am besten nutzt du nur Vorräte und Gegenstände, mit deren Handhabung du vertraut bist. Solltest du zum Beispiel noch nie einen Wasserfilter benutzt haben, solltest du dich mit seiner Funktionsweise vertraut machen und üben, bevor du diesen einlagerst. Musst du in einer Stresssituation erst die Bedienungsanleitung lesen, kostet dich das nur noch mehr Zeit und Nerven.

 LEBENSMITTELKISTE

Beispielliste für eine Woche für zwei Personen:

- ☐ 40 Liter Trinkwasser, in Flaschen abgepackt, separat lagern

- ☐ 1 kg Nudeln

- ☐ 2 Gläser fertige Tomatensoße im Glas

- ☐ 1 kg Reis, vakuumiert

- ☐ 2 Packen Knäckebrot oder Zwieback, vakuumiert

- ☐ Honig

- ☐ Marmelade

- ☐ 1 Packung Haferflocken, vakuumiert

- ☐ 1 Dose Frühstücksfleisch

- ☐ 4 Dosen je 800 g mit Fertiggerichten, möglichst verschiedene

- ☐ 2 Dosen Heringsfilet in Tomatensoße

- ☐ Sauerkraut in der Tüte

- ☐ 3 Dosen Gemüse (Kidney Bohnen, Erbsen, Möhren, Mais, etc.)

- ☐ 3 Dosen Obst (Kirschen, Aprikosen, Ananas, etc.)

- ☐ 1 Tube Tomatenmark

- ☐ 1 Dose Thunfisch

- ☐ Abgepackte Nüsse

- ☐ 1 Packung Milchpulver

- ☐ 2 Tafeln Schokolade

- ☐ 1 Packung Butterkekse, vakuumiert

- ☐ Senf, Ketchup in kleinen Portionen

- ☐ Vitamintabletten

- ☐ Getränkesirup

- ☐ Instantkaffee/Teebeutel

- ☐ 0,5 Liter Öl

- ☐ Diverse Gewürze (Salz, Pfeffer, etc.)

- ☐ Eine kleine Packung Zucker

II. AUSRÜSTUNGSKISTE

- ☐ Toilettenpapier (8-10 Rollen reichen)
- ☐ Papiertaschentücher
- ☐ Zahnbürste, Zahnpasta
- ☐ Seife (wenn keine Kernseife, dann zusätzlich Duschgel und Shampoo)
- ☐ Hygieneprodukte für Damen
- ☐ Feuchttücher
- ☐ Müllbeutel und große Müllsäcke
- ☐ Batterien
- ☐ Licht: Taschenlampe, Öllampe, Knicklichter etc.
- ☐ Wärme: Gasheizer, Ofen, etc.
- ☐ Strom: Solarpanel, Notstrom, Akkus, etc.
- ☐ Wasser: Wasserfilter, Wasseraufbereitungstabletten, etc.
- ☐ Wasserkanister DIN61 , am besten faltbar
- ☐ Batteriebetriebenes Radio/ Kurbelradio (eines pro Haushalt)
- ☐ Funkgerät
- ☐ Rettungsdecke
- ☐ Pflaster, verschiedene Größen

- ☐ Gegebenenfalls Medikamente (gegen Durchfall, gegen Erkältung, Schmerzmittel etc.)

- ☐ Mundschutz

- ☐ Desinfektionsmittel

- ☐ Einweghandschuhe

- ☐ Mullbinden

- ☐ Heftpflaster

- ☐ Pinzette

- ☐ Nähset

- ☐ Sonnencreme

- ☐ Sonnenbrille

- ☐ Insektenschutzmittel

- ☐ Kochmöglichkeit: Campingkocher mit Brennstoff und passendem Kochgeschirr

- ☐ Panzertape

- ☐ Kabelbinder

- ☐ Säge, klappbar

- ☐ Seil, z. B. Paracord

- ☐ Beschäftigungsmaterialien (z. B. Buch, Puzzle, Musikinstrument, etc.)

- ☐ Kerzen

- ☐ Zündhölzer/Feuerzeug

☐ Taschenmesser, besser: Multitool

☐ Arbeitshandschuhe

☐ Feuerlöscher, Löschdecke

III.   FLUCHTRUCKSACK

☐ Wichtige Dokumente (Notfallmappe mit Notfallpass)

☐ ggf. Notfall USB-Stick, vakuumiert

☐ Warme, strapazierfähige Kleidung (zum Wechseln, den Großteil schon am Körper tragen)

☐ Dicke Decke oder Schlafsack

☐ Isomatte

☐ Plastikplane (als Unterlage oder als Windschutz)

☐ Gute Schuhe, am besten gleich anziehen

☐ Wasserflasche

☐ Leichter, energiereicher Proviant (Notverpflegung)

☐ Taschentücher

☐ Erste-Hilfe-Set, Medikamente, Blasenpflaster

☐ Wunddesinfektionsmittel

☐ Persönliche Medikamente

☐ Schutzmaske, am besten FFP3

☐ Schutzbrille

☐ Reisezahnbürste (z. B. von einem Langstreckenflug)

☐ Handtuch

☐ Hygieneartikel

☐ Kleiner Spiegel

☐ Rettungsdecke

☐ Taschenmesser, besser Multitool

☐ Taschenlampe

☐ Batterien oder Akkus

☐ Knicklichter

☐ Kocher mit Brennstoff

☐ Feuerzeug, Streichhölzer

☐ Nähset

☐ Koch- und Essgeschirr (Göffel = Gabel, Löffel und Brotmesser in einem)

☐ Wasseraufbereitungstabletten oder kompakter Wasserfilter

☐ Kompass

☐ Schreibmaterial

☐ Kreide

☐ Panzertape

☐ Kabelbinder

☐ Arbeitshandschuhe

☐ Fernglas

☐ Funkgerät

☐ Kurbelradio

☐ Ggf. mobiles Solarpanel

☐ Müllbeutel/Plastiktüten

☐ Bargeldreserve

13. Fazit

Was machst du nun also, wenn innerhalb weniger Stunden eine Ausgangsbeschränkung verhängt wird? Genau: Du bleibst ruhig und klärst alles Wichtige mit deiner Familie und deinen Freunden. Und du weißt genau, dass du alles hast, was du brauchst. Gut gemacht, jetzt kennst du dich aus! Dann war die Lektüre also ein voller Erfolg. Richtig vorsorgen heißt im Grunde nur, Lebensmittel im Supermarkt und fast die ganze restliche Ausrüstung im Outdoor-Bedarf einzukaufen, wenn du sie nicht ohnehin schon hast. Wenn du ein bisschen kreativ bist und deinen individuellen Vorrat zusammenstellst, kannst du gleichzeitig viel Geld sparen. Und viele Sachen, wie Schlafsack oder Kocher, kannst du dein ganzes Leben lang benutzen – nicht nur in einer Ausnahmesituation, sondern auch im Urlaub.

Grob auf den Punkt gebracht hast du Folgendes zu tun:

1. Wasservorrat anlegen
2. Vorratskisten packen (eine pro Woche)
3. Ausrüstungskiste packen
4. Notfallmappe mit Notfallpässen erstellen
5. Fluchtrucksack zusammenstellen

Am besten nimmst du dir einen Punkt nach dem anderen vor. Lass dir Zeit und überfliege das jeweilige Kapitel vorher noch einmal kurz. Der Inhalt der Kisten kann individuell gestaltet werden. Von einer Minimalausstattung bis hin zum gefüllten Vorratskeller sind keine Grenzen gesetzt. Denke daran, dass du mit jedem Schritt schon besser vorbereitet bist, als die meisten anderen Menschen. Vielleicht hast du sogar Spaß dabei, dich weiter mit dem Thema zu beschäftigen und wirst noch zu einem richtigen Prepper.

14. Gedanken zum Schluss

Jetzt hast du dich durch das ganze Buch durchgearbeitet – danke, dass du bis zum Schluss dabei geblieben bist. Du willst jetzt wahrscheinlich sofort ganz strukturiert einkaufen gehen, keine Sorge: Gleich kannst du starten!

Du lässt dir von Preppern, die in Bunkern wohnen, und Verschwörungstheoretikern keine Angst machen. Trotzdem sollst du auch etwas von deiner Vorbereitung haben, selbst wenn der Ernstfall nie eintritt! Wie schon mehrmals erwähnt, haben Prepping und Outdoor in ihrer Anwendung durchaus Gemeinsamkeiten. Wenn du auf einem Campingplatz schläfst, um deinen Kocher zu testen, wieso weitest du das nicht noch aus? Ein ganz neues Hobby wartet auf dich! Du kannst einfach losziehen, ob zu Fuß oder mit dem Fahrrad, ob allein oder mit Begleitung, und die Landschaft um dich herum erkunden. Du kannst im Schlafsack auf dem Balkon oder Garten übernachten, um die Sterne zu sehen, oder in den Bergen tagelang von Hütte zu Hütte laufen. Die Ausrüstung, die du dabei brauchst, findest du auch in diesem Buch! Warum sich also auf den Ernstfall beschränken? Lass dich inspirieren und mache, was immer dir auch Spaß macht! Ich wünsche dir von Herzen alles Gute und hoffe für uns alle, dass wir niemals in eine große Krise geraten, aber „Besser man hat, als man hätte!", nicht wahr?

15. Weiterführende Quellen

- Willst du dich ausführlicher mit dem Prepping befassen, führt kein Weg an diesem Buch vorbei: https://klickehier.com/prepper
Es ist quasi die Bibel der Prepper und bietet auf über 600 Seiten eine riesige Fülle an Informationen.

- Eine super Seite, um sich komplett fertig zusammengestellte Ausrüstung zu besorgen, ist: https://ration1.de/

- Auch der Staat hat mit dem Bundesamt für Bevölkerungsschutz und Katastrophenhilfe eine nützliche Webseite: https://www.bbk.bund.de/

- Viele Produkte (u.a. Shirts, Hoodies, etc.) findest du in unserem Shop: https://bit.ly/2REXEs5

- Es gibt zahlreiche, auch englischsprachige Foren, Facebook-Gruppen und Shops, die sich mit dem Thema befassen. Hier nur eine kleine Auswahl:
  - https://www.paranoid-prepper.com/
  - https://www.facebook.com/Preppingforbeginners/
  - https://www.fluchtrucksack.de/
  - https://notvorsorge.com/
  - https://www.doomsdayprep.com/
  - uvm.

Vielen Dank für den Kauf dieses Buchs! Wir hoffen, dass du mit unserem Produkt zufrieden bist.

Kundenzufriedenheit ist uns extrem wichtig und wir freuen uns, wenn du uns deine Eindrücke und Feedback mitteilen könntest. Es wäre toll, wenn du dir kurz die Zeit nimmst, eine Bewertung bei Amazon zu schreiben. Denn dann hilfst du auch anderen Kunden bei der Auswahl.

Bei Fragen zum Buch, weiteren Anliegen und natürlich auch Kritik stehen wir dir selbstverständlich gerne zur Verfügung!

Schreib uns am besten eine Mail oder ruf uns an.

Viele Grüße und alles Gute

Martin Siebert

Schau dir auch meine anderen Bücher an:

Bushcraft als Auszeit: inkl. Familienspecial | Wie du in der
Natur deinen Ausgleich findest | Erreiche mehr Gelassenheit
und Achtsamkeit im stressigen Alltag | Abenteuer mit Kindern

https://amzn.to/3QaAiXx

16. Impressum

Herausgegeben durch

XASTY © 2022

Inhaber: Dr.-Ing. Tobias Schulze

Graudenzer Str. 21-23

25746 Heide, Deutschland

Telefon: 0481 64062837

E-Mail: kontakt@xasty.de

Web: www.xasty.de

HINWEIS: Das Buch ist sorgfältig erarbeitet worden. Dennoch erfolgen alle Angaben ohne Gewähr. Weder der Autor noch der Verlag können für eventuelle Nachteile oder Schäden, die aus den im Buch gemachten Hinweisen resultieren, eine Haftung übernehmen.

www.ingramcontent.com/pod-product-compliance
Lightning Source LLC
Chambersburg PA
CBHW070746250726
48662CB00004B/1655